手間ひまをかける経営

日本一コミュニケーション豊かな会社の「関わる力」

法政大学ビジネススクール教授
高田朝子

生産性出版

――プロローグ　リーダーとして熟考するクセを身につけよう

なぜ、リーダーはその力を十分に組織の中で発揮できないのか。

ビジネススクールの教室で学生から頻繁に投げかけられる問いです。多くの学生はこの問いを投げかける際に、「明確な解」が教員から与えられることを無意識に期待していま す。ここを何とかすれば、大きく組織が変化し、自分も、そこで働く一人ひとりのリーダーも成長できるといった種類の単純な図式です。そんな魔法の杖があればいいのですが、現実はそうはいきません。

組織行動の研究者の目には、変化をしないままなのはそこにいる人たちが、そこまで現状に困っていない、切羽詰まっていないからだと見えます。ある程度の売上があり、このままーしばらくは、つぶれないことがわかっている。「自社をよりよい企業にするには、リーダーとして自分も何かをやらなければ……」と考えてはいても、現状を可とする人が大多数で、そこと戦ってまで変化のムーブメントを起こす必要性を感じていないのではないか？　と。

こう問いかけると、現役ビジネスパーソンであるビジネススクールの学生たちのほぼ全員が、「いや、現場に変わってほしいと思って自分は行動しています。ただ動いても、ほかの人に届かないのです」と、不満げに答えます。多くのビジネスパーソンが、その歴史の中で組織が変わらないことを何度も学習し、変わることに対しての無力感を持ってしまっている。そんなあきらめムードの会社の光景が透けて見えます。

ところが、コロナ禍を経験して、遅ればせながら企業にも目に見えて変化が起きはじめました。リモートワークに対して拒否反応があった企業でも、やむを得ない環境変化によって働き方を変えました。ちなみに、総務省の通信利用動向調査では、2019年に「テレワークを導入している」と答えた企業は全体の20・2%でした。それが、2022年の調査では、同様の回答をした企業は51・7%です。環境の変化と経験が、強烈に人間の考え方に影響を与えることがわかります。

喉もとすぎれば熱さを忘れるのが人間の特性ですし、揺り戻しが起きるのも歴史の常です。しかし、世界的に見て企業を取り巻く環境の潮目が確実に変わっていて、それに対応しないと生き残れないという切迫感が、現実に広がっていることは間違いありません。

なぜ、組織は変わることができないのか、リーダーも変えることができないのか、という問いに正しい答えはありません。より現実的な知恵を得るためには、変化をしている組織を研究することが不可欠です。特に現代のように潮目が変わっている最中は、一般論も精神論も役に立ちません。自分なりのやり方を「手間ひまをかけても、つくり上げること」が大事です。それには事例を深く研究することで得る知見を、自分の組織や企業に当てはめて、深く考察することが不可欠です。このプロセスによって、より精度の高い知恵と、机上の空論ではない自分の状況に即した何らかの答えやヒントを得ることができます。

金融機関なのにノルマがないという衝撃

京都信用金庫との出会いは、偶然でした。企業トップのリーダーシップ研究をしている中で、榊田隆之《さかきだたかゆき》理事長とお目にかかる機会がありました。東京に住む私からすると、排他性が高いように見える京都という土地で、先進的な取り組みをしている企業という評判と、京都の老舗企業の後継者たちから語られた「京都信用金庫はトップに必ず賢い人がつく」という言葉に、強烈に興味を持ち、インタビュー調査のお願いをしました。

変わることのできない組織の話に辟易《へきえき》していて、自ら変化した組織、いや少なくとも変化していると本人たちが認識している組織を知りたいと思ったからです。内心、「いくら変化したと言っても、どうせ金融機関なんてどこも同じ」と思っていたことは否定しません。

ところが、京都信用金庫の組織とマネジメントは、組織行動の学者の目から見て驚嘆すべきものでした。金融機関なのにノルマがないのです。これは衝撃でした。「金融機関＝ノルマ」という図式は、研究者にとって当たり前のものでしたし、私にとってノルマがもたらすリーダーシップのあり方とマネジメントは、長らく研究の興味の対象でした。ここで働く人たちは、何が動機づけの源なのか。本当に利益を上げることができるのだろうか。興味はつきませんでした。

その後、時間をかけて調査する中で、京都信用金庫の組織とマネジメントに強烈なおもしろさと魅力を感じました。

調査の最中にわが国は、新型コロナウイルスの感染拡大に直面しました。そのような環境下でも、実直に自分たちの仕事をやり続け、新しいさまざまな取り組みを京都信用金庫は生み出しました。そして多くのエピソードを聞くことができました。

渦中の医療従事者全員に病院理事長が慰労金を渡す準備を依頼された京都信用金庫のある支店は、支店職員総出で感謝のメッセージを手書きし、現金袋一つひとつに入れました。

最前線で社会を守りながらも病院を出ると、「医療従事者の近くに行きたくない」などと理不尽な差別を受けている話が社会に蔓延していた時分です。

封を開けた医療従事者たちは驚き、感激したと言います。手間ひまをかけて、お客様に寄り添うことが自然となされていて、非常に驚きました。

多くの支店や部署、場面を観察する中で、京都信用金庫の社内では、「コミュニティに寄り添うことを最重要の行動規則」として、組織が文字通り動いていることを目の当たりにします。

そして、自分たちのやりたいこと、「豊かなコミュニティ実現のため」に多くの変革が行われていました。観察していると、何よりも職員が楽しそうなのです。最も硬直的であると評される金融機関の組織が、鮮烈に変化を遂げていることを実感しました。

本書は、この出会いからはじまった事例研究の本です。変化の激しい環境を生き抜くために、企業と人はどのように振る舞い、どのようなリーダーシップをとるのか。どのようなマネジメントをするのか。京都信用金庫を事例として、いくつかの違った側面から読み解きます。

企業経営についての魔法の杖はありません。そして、事例はお手本ではありません。そのマネをすれば上手くいくという種類のものではないのです。とは言え、それでも私は京都信用金庫の取り組みの中に、どの企業にも役立つヒントがあるのではないかと考えています。

そのために大事なことは、みなさんが事例研究から得た知見を再度、自組織や企業に置きかえて、当てはまるところと、当てはまらないところを炙《あぶ》り出す客観的な眼を身につけることです。

そのうえで、再度どうすれば自分の企業が変わるのかを自らが熟考するプロセスを経ることです。安易な答えからは安易な方法しか出てきません。読みながら考えるそのプロセスと、そこから絞り出される知恵こそが、潮目が変わる時代に立ち向かう強力な武器になると信じています。

2023年8月吉日

高田　朝子

第1章

「手間ひまをかける」という思考法

環境変化を「受容する」とはどういうことか

第2章

ネットワークとは何か

企業と地域をつなぐ「京都信用金庫」の事例より

第3章

「集合知」が発揮できる起点となる

人の「自由なつながり」からビジネスの芽は育つ

第6章

「人に寄り添う」リーダーシップ

お客様の視点で意思決定を促す7つのヒント

第1章

「手間ひまをかける」という思考法

環境変化を「受容する」とはどういうことか

1 「一人ひとりのリーダーシップ」が求められている

「時代の潮目が変わっている。自らが変わらないと取り残される」

これは多くのビジネスパーソンから頻繁に聞く言葉です。「取り残されたくない」という焦りは、周りと足並みを揃えたいという思いが、心の片隅にあるから生まれるものでしょう。しかし、時代の潮目を迎えた今こそ再度、働くことの喜びは何か、大切にしているものは何か、周りに役立つことで、自身が受け渡せるものは何かを棚卸したうえで、行動を自分の意思で決めることが不可欠です。そして自分の軸を持つことがより求められている。現代は、誰もが自分なりのリーダーシップを発揮することが求められているのだと考えています。

具体的に言えば、リーダーシップの中枢である「物事を決める」「仕事を配る」ことを自分の手で行うことです。要するに、意思決定をして周囲にアサイン（任命）し、それに基づいて、仕事を配分していくことです。

特に、次々と状況が変わる場面で意思決定をし続けるという行為は、今まで日本人が苦手としてきたことでした。なぜならば、日本企業の多くは、似たような経歴の人が多く集まる同質性の高い集団で、会社の方針に従順な統制のとれた組織であるからです。合議制が制度としてとられていますから、個人が目まぐるしい数の意思決定を求める状況は、一般的ではありませんでした。

しかし、猛烈なスピードで変化する環境においては、誰かが決めてくれるのを待つのではなく、個人がさまざまな場面で、意思決定しなければ仕事は回りません。競争優位も生まれません。

この本はこうした前提に基づき、新たな時代の組織経営の方向性と、そこで働く人たちがどのようなリーダーシップをとっていくのか、そのヒントを手に入れるために書かれています。冒頭で問題提起したように、第1章では、みなさんの意識をすり合わせるために時代の潮目が変わる今、何が起きていて、どのように対応すればよいのかについて述べます。

第2章以降は、企業がどのような経営を目指し、個人がどのようなリーダーシップをとり、判断をくだして行動していくのかについても論考しています。

京都信用金庫の道のりを題材（ビジネススクールでいうところのケース）にして考えます。

そこには、日本企業がこれからも生き残り、成長していくためのキーワードがあるからです。具体的には、「ネットワークとコミュニティと真摯に向き合う」ことと、「あいまいさと不確実の中で意思決定をする」ことです。

――とりまく環境が変化する中で

潮目が変わり、あいまいさと不確実性のある時代の中で、どのように意思決定をすればよいのかについて考えていきますが、その前提として、人間は環境の影響を強く受けることを理解する必要があります。私たちは環境との相互作用の中で、振る舞いや考え方を変化させ、無意識のうちに適応させているのです。

たとえば、自然地形上で交通の要所として栄えた地域では、常にさまざまな人の往来を受け入れて生活が成り立っているので、「よそ者」に対して開放的です。しかし、他者との交流が少ない山の中の集落では、「よそ者」に対して閉鎖的になるのはよくあることです。

山の中の集落では、閉鎖的で他人と関わらない性格の人が集まっているというよりも、その環境で生活するなら、閉鎖的な行動指向を持っていたほうが、外敵から身を守るためには有利で、合理的だからです。

私たちの国は、閉塞感に満ちています。内閣府が5年おきに行っている「自国の将来は明るいと思いますか」との問い（「人口、経済社会等の日本の将来像に関する世論調査」）に「明るい」と考える日本の若者は2013年以降、常に20％台後半です。

同じ調査で、常に60％台後半のスウェーデンやドイツから大きく差をつけられており、先進国の中では最下位グループにいます。日本人の生活は便利になりましたが、その社会は先進国の中でも低成長のまま維持し、多様性も極めて少ないままという好ましくない結果です。それゆえ、未来に目を向けたときに、多くの日本人が明るいとは思えないでいるわけです。

私たちは何も変わってこなかったのです。閉塞感を感じても現状を変えるムーブメントを起こそうとする人が、企業や社会の意思決定者の中にいない。ひょっとしたら、意思決定に携わる人たちは閉塞感の中にいるという意識すらなく、このままで良いと信じているのかもしれない。もうすぐ定年だから逃げ切れると思っているかもしれません。自分ごととして、困っている人が少ないようにも見えます。その理由は、複合的です。

まず、「日本は成功した経済大国だから劇的に変える必要はない」という従来の自分たちのやり方に対する自信が強すぎたことは、その大きな要因の一つでしょう。新しいことの実行には、苦痛とリスクがともなうため、意識のどこかで手をつけたくない。やり方を変えるということは、今までの自分たちを否定することと同義であるという心理的な抵抗を感じるのです。

先人たちへのリスペクトの念が強すぎて、変えることを躊躇したまま、ここまで来てしまった。多くの意思決定者たちが、成功体験の罠にはまっていた。このように考えると腑に落ちます。

成功体験は人が自信を持つために不可欠な要素ですが、一方で人の行動を縛ります。失敗したときのリスクを余計に感じ、失敗するくらいならば現状維持を選択するからです。終戦後、焼け野原から「日本の奇跡」と言われた高度成長期を経て、バブルを迎え、「ジャパン・アズ・ナンバーワン」と評された強烈な成功体験が現状維持を求めてしまうのです。そんな背景から、新たな選択をして変化することを好まなくなったこともあるのでしょうか。

日本が成功体験を重ねてきたころ、世界はまさに工業化時代でした。安くて良いものをたくさんつくれば、国内だけにとどまらず海外にも売れる。誰もが同じ方向を向いて、勤勉に働き、ムダを絞り、改善を突き詰めていけば結果が出せる。徹底的な標準化とムダを絞ることが、日本企業の基本的なあり方でした。

自分たちがやるべきことと目標が非常に明確で、それに向かって足並みを揃えて邁進していれば、結果が出やすかったのです。明確な目に見える目標に向かって突き進むことが、日本のビジネスパーソンの初期値として刻まれていたのかもしれません。

日本は世界第2位の経済大国に昇り詰め、その結果、私たちは、非常に強い成功体験を持つことになりました。この成功体験が刻まれた世代の人びとは、少子化の影響で20〜30代の社員が少ない年齢構成を持つ多くの企業において、いまだ最大派閥です。そして、社内の声の中心なのです。

ところが、2015年、国連で持続可能な開発目標「SDGs」が採択されてから会社中心、利益至上主義の価値観は、世界の中で急速に希薄化しはじめます。

日本でもその傾向は顕著です。内閣府の「社会意識に関する世論調査」において、社会のために役に立ちたいと思っている人たちが、年々増加し、1987年の52・6%から2021年には63・9%と11ポイント以上増加していることからも裏づけられます。自分の利益を追求するだけではなく、社会の課題を解決したいという強い思いは、若い世代になればなるほど強く持っています。

また、日本そのものの成り立ちも大きく変化しました。「工業化時代」から「情報化時代」への変化が、すさまじいスピードで進みました。

人間がやること、考えることの多くは、人工知能（ＡＩ）が助けてくれる世の中になりつつあります。18世紀末の産業革命からはじまり、オートメーション化の進行を経た１９９０年代初頭までの１００年弱の工業化時代の変化と、ウインドウズ95の発売以降の情報化時代の変化では、そのスピードと、もたらした社会への変化の衝撃度が圧倒的に違います。

私たちの手に入る情報量は劇的に増え、「インターネット・コミュニティ」という国境を越えた「新しいコミュニティ」ができあがりました。

２０１３年にオックスフォード大学のフレイ＆オズボーンは、アメリカにおいて10〜20年以内に労働人口の47％が機械に代替されるリスクは、70％以上になると推計しました。同様に、わが国では日本の労働人口の約49％が就いている職業において、ロボットやＡＩに代替可能との試算を野村総合研究所が出しています。

フレイ＆オズボーンが指摘した期日までに変化するかは別として、着々と仕事そのものの質や業態が多くの国で変化しています。わが国は変化のスピードが極めて遅く、相変わらず機械やＡＩに任すことよりも、人の手を使うことを重視する傾向が強いのです。

２０２２年に経済産業省が出した「未来人材ビジョン」において示された『２０５０年に求められる能力』のほとんどは、現在企業が就職試験や昇進試験のときに重視しているものとは、かけ離れています。私たちは、環境の変化に気づかず、気がついたときはすでに致命的なダメージを受けてしまう「ゆで蛙」状態になっているのです。

安定政権のもとで、コントロールしやすい企業や社会の推進を牽引してきたわが国の政府が、危機感を表明することは、かなり皮肉な光景です。時代の潮目が変わりつつあることに気づきながら、課題解決を先送りしてきたことが要因です。

多くの国の企業は、ＡＩ化を積極的に取り入れました。ＩＴ化・効率化を選択した代償として、多くの職業が消滅しました。しかし、日本企業はドラスティックにＡＩ化に舵を切らないことによって雇用を守りました。その結果、先進国の中でＡＩ化において周回遅れという状況を生み出しました。

ところが、世界を襲ったＣＯＶＩＤ－19（新型コロナウイルス感染症）によるパンデミックの発生は、暴力的に人びとの意識を変えました。非接触が感染予防に有効であることがわかると、堰《せき》を切ったようにＡＩ化やロボットの利用が進みました。

好むと好まざるとに関わらず、私たちはＡＩへの取り組みに向き合わなければならない状況に陥ったために、日本の企業でも変化が起きたのです。それでも日本は周回遅れのスタートですから、ＩＭＤ[1]『世界競争力年鑑』の世界競争力ランキングの順位は大幅に上がっていないのが現状です。

同時に、人びとの働き方にも変化が起きました。パンデミックにより急激にリモートワークが推進されたのです。働き手が職場に一緒にいないので、人に関する評価のしかたも変わりました。見えないところでいかに部署に貢献しているかではなくて、目に見えるアウトプットを中心に評価することが余儀なくされたのです。

あれだけ進まなかった働き方改革が、一挙に違う局面を迎えました。パンデミックの終息とともに、コロナ禍前に戻ろうとする揺り戻しは起きるでしょう。しかし、経験してしまった便利さを完全に捨て去ることはむずかしい。職場環境の整備に一度でも投資してしまうと、投資をムダにする方向に動くのは非効率です。

皮肉にも、パンデミックが変化の扉を押し開けたとも言えます。パンデミックがもたらしたリモートワークやＡＩの積極導入で、時代は急激に進化しました。それにともなって、リーダーシップの形も変わりつつあります。

2 決断に必要なのは「速さ」と「深さ」の能力

インターネットを通じて、不特定多数の人びとがさまざまな形で複雑につながっている社会では、想定外の事象が多く発生します。「一寸先は闇」という言葉が、より身近になります。どう扱っていいのかわからない、あいまいな要素を多く持ち、速いスピードで事態が推移します。このような環境下でのビジネスには、企業も、個人も迅速な意思決定が特に重視されるようになります。

課題に関しては、素早く判断して意思決定をする。状況変化を敏感に察知したら、次の意思決定を即、行って対応する。朝令暮改的な行動が環境を生き抜くためには必要です。「一度決めたら二言はない」が美徳だった時代は、はるか昔のこととなりました。

一方で、スピード重視の傾向は、人びとの意思決定に複雑さと困難さをもたらしています。人は早いスピードで意思決定を求められると、パターン化で対応します。時間がないので、過去の経験則を発動させて処理しようとします。これが2002年にノーベル賞経済学賞を受賞したダニエル・カーネマン（2011）のいう「システム1の思考（直感的な早い思考)」です。「こうあるべきだ」という経験則が重視され、「ヒューリスティック(発見的手法)」で判断しようとします。

これは否定されるものではありません。ただ、私たちが直面している環境では、システム1の対応も、ずいぶんと危なくなってきているのです。有効だった経験則や行動の規則が陳腐化して、不適合を起こしている。

さらに言えば、スピード重視の環境では、その都度、稟議《りんぎ》を上げて上位職の決裁を仰ぐという、時間がかかるプロセスは機能できません。現場で意思決定することが一層求められます。意思決定ができる現場の人材が不可欠なのです。

環境が複雑になることは、一筋縄ではいかない意思決定の頻度が増えるということです。複雑さの中で重要な意思決定をしようとすると、「システム2の思考(論理的な遅い思考)」、つまり、深く考えることがより求められます。

スピード重視でなおかつ時間がない中で、じっくりと深く長い時間をかけて意思決定をしなくてはいけない。難儀で二律背反した状態に多くのビジネスパーソンは置かれるようになったのです。

困ったことに、私たち自身の環境も変わりました。人口減少です。これは、私たちが持っている現状の多くの社会システムや仕事のやり方が、立ちゆかなくなることと同義です。戦後日本の最大の成功理由は、良質な人的資源の継続的投入が可能だったからです。この根本が崩れるのです。

そして、人口減少は徐々に進みます。生活習慣病と同じです。劇的に突然、何かが悪くなるというような変化をしないので、その恐ろしさに気がつくのには時間がかかります。

日本企業が得意としたビジネスモデルは、労働集約型であることが前提でした。しかし、今や人手不足が至るところで顕在化し、「ない袖は振れない」状態になっているのです。

労働力を自前でおぎなえない状況にどう対処するか。外国人労働者に頼るか、機械やコンピューターに頼るか、の二択です。現状では技能実習生という中途半端な制度でお茶を濁していますが、将来的には人が手や身体を動かして作業をする労働力が必要ならば、外国からの異なった文化の人びとを多く受け入れる必要性が、生まれてきます。

加えて最先端の技術や研究を手にするためにも、外国人を受け入れることから逃れられません。どのような形になるかは不明瞭ですが、私たちのやり方が常識ではないと感じる人たちと、ともにやっていく時代が到来することは避けられません。

今後、技術進化のスピードは今まで以上に激しくなる。あいまいで想定外のできごとが多く発生する。そのような環境だからこそ、社員一人ひとりが自ら工夫して、リーダーシップをとることは不可欠です。これは個人にとっても、企業にとっても、生き残りをかけた死活問題です。

――手間ひまをかけて自分と向き合う大切さ

疾風怒濤《しっぷうどとう》に変化するデジタル＆ＡＩ時代の中で、歩みが遅く、その存在感も、どんどん小さくなって途方に暮れている日本の姿が浮かび上がります。

ですが、成功体験は決してマイナスだけではありません。過去を全否定して前に進むという過激なことをする必要はありません。蓄積された知恵と経験は何ものにも代替しがたいですし、人材もいます。日本の教育レベルは下がったと言われていますが、世界的に見ると、多くのかなり優秀な人的資源が日本にあることは否定できません。

さて、人的資源の急激な増加が望めない中で、極めて重要な点があります。人びとが十二分にその能力を発揮できる環境としくみを整えていくことです。そのためには、あらゆる角度から物事についてきちんと考え、手間ひまをかけて事前準備をし、自分なりの方向性を決めること。そのうえでリーダーシップをとることが、私たちに強く求められているのです。

リーダーシップは他人を動機づけて、ある方向に向かわせる一連の振る舞いです。経営学では、「リーダーシップは訓練によって伸ばすことができる」という前提を持ちます。もちろん、先天的なものがあることは間違いありませんが、その影響の詳細は、いまだ完全には解明されていません。

重要なのは後天的な部分で、これは環境や訓練によって伸ばしたり、見つけたり、開花させることが可能です。「氏《うじ》より育ち」という言葉がありますが、リーダーシップに関しては、育ちの部分がより重要なのです。

ビジネスパーソンにとっては、人生の長い時間を過ごすのが勤務先です。社内、制度、風土、取引先など、すべてを含めた企業に関連する環境が、その人のリーダーシップの育成に大きな影響を与えます。一方で、企業にとっては強いリーダーシップを持った社員を多く抱え、彼らが能力を十二分に発揮し、組織を導くことによって、企業としての業績の果実を手にする確率を高めることが可能になります。

リーダーシップをとれる人を多く社員として抱えていることは、企業経営と競争優位の確保に強く影響します。企業環境の潮目が変わっている中で、企業は社員により一層リーダーシップを発揮してもらうこと。そのためには企業、個人の双方が切磋琢磨し、ともに幸せな職場環境をつくることが、ますます求められていきます。

3 リーダーシップは「環境」×「能力」×「性格」でつくられる

ここで、もう少しリーダーシップについて、掘り下げておきましょう。

リーダーシップをつくる要素を私なりに整理したのが、図表1－1の関数です。リーダーシップは「環境」「能力」「性格」の3要素が相乗することで、独自のものが生まれてきます。視覚的に示すと、次のようになります。

人は環境（Circumstance）との相互作用で、その振る舞いを決めます。たとえば、役所という職場でのリーダーシップのとり方と、ベンチャー企業のそれとでは大きく違います。環境は企業や職場を取り巻く環境、社会、すべてを含みます。能力（Ability）も、自身が生まれつき持っているものから、後天的に磨かれたものまで、多種多様です。そして、本人が先天的に持つのが、性格（Character）です。

リーダーシップは、この三つの要素が密接に絡み合い、相互作用をし合い、加速し、減速し合って、できあがるのです。注意しなくてはいけないのは、個人の性格について他者は関与のしようがないという点です。他人が誰かの性格の変化を求めるというのは、許されることではありません。一方で、環境を変えること、能力を磨くことは、本人、そして企業や同僚など、本人以外の要素が関われます。そして、ビジネスパーソンを取り巻く環境は、企業経営の影響を必ず受けます。

　リーダーシップは、何らかの薬を飲んだら翌日から身につくというものでもありませんし、何らかのプログラムをインストー

図表1-1　リーダーシップの3要素

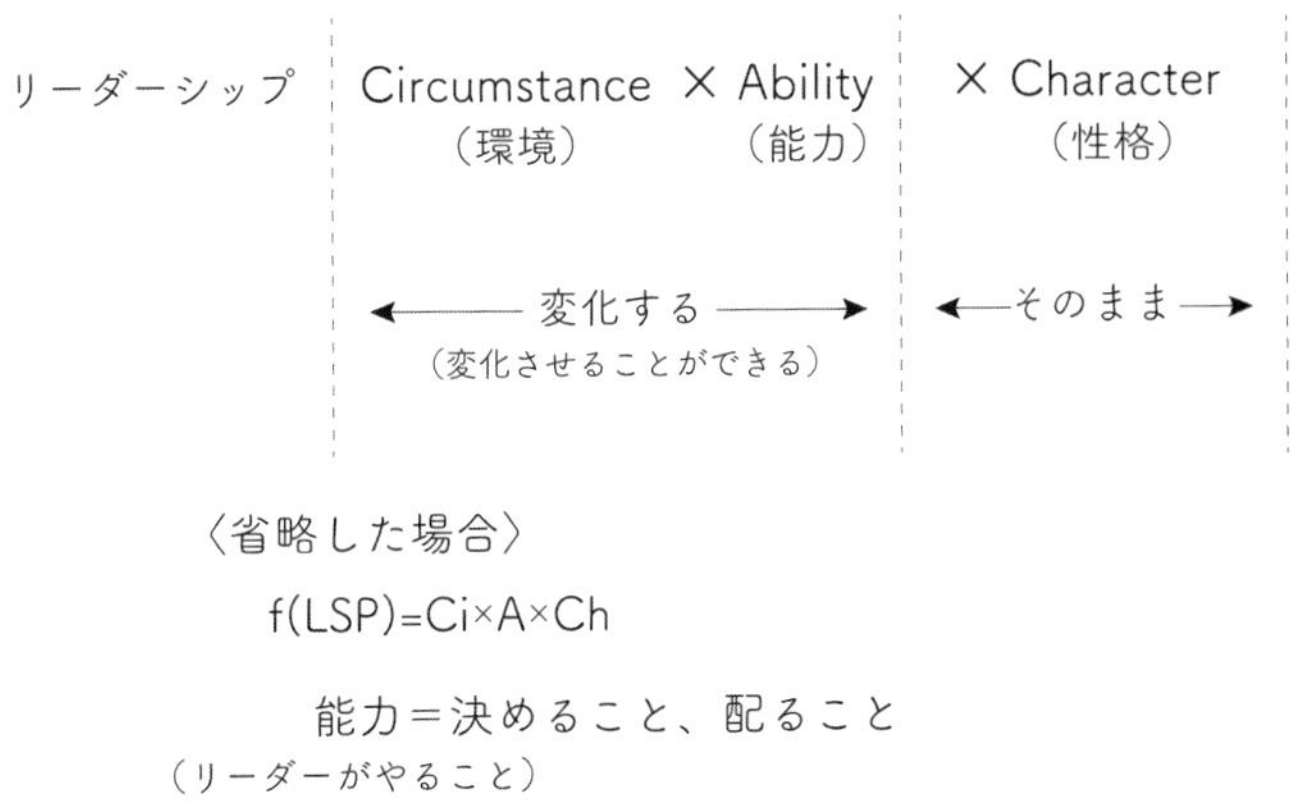

ルしたら、バージョンが上がるというものでもありません。リーダーシップの研鑽《けんさん》には、経験と意識が大きく関係します。本人が自分の置かれた状況をどう意識するのか。何を経験し、どう学習していくのかによって磨かれ、強まり、身につくのです。手間ひまをかけて、じっくりと育てていくのです。

個人からすると、自分にはどの能力が必要なのかを見極め、どのような経験をしてそれを磨くのかという視点を持ち、意識して学習することが不可欠となります。

企業側からすれば、働く人たちがどのような事象を経験するのが必要か推察し、また知識を身につける機会をどうやって用意できるのかを考え、実現することが社員のリーダーシップの強化に結びつくのです。

――「決める」「配る」とは、どういうことか

環境に何からの形で変化を与えること、能力を磨くこと。これらの要素がリーダーシップに大きく変化をもたらすことは、理解できたでしょうか。

しかし、1人の力で抜本から変化させていくのには時間を要します。ここで着目したいのが、図表1－1に示した能力の部分です。リーダーシップは人の振る舞いですから、そ

の能力を磨くことが最も大きく影響します。

リーダーシップにおける能力の中枢は、「決めること」と「配ること」です。主語をリーダーという言葉に置き換えて、「リーダーがやること」として考えてみると、より理解がしやすいかもしれません。「決めること」は頭の中で行いますが、「配ること」は行動をともないます。

では、一つめの「決めること」について見ていきましょう。潮目が変わる急激な変化の中では、臨機応変な意思決定と対応が不可欠です。リーダーが上位職からの指示を待つ態度でいるだけでしたら、周囲を導くことはできません。自ら方向性を決めなくてはいけません。

そして、質の高い良い意思決定を行うには訓練が必要です。どのくらい意思決定の数をこなしたのか、どのくらい意思決定をしなくてはいけない場面に立ち会い、観察したことがあるのか、どのくらい深慮し、未来を予想し、意思決定をしたのか。意思決定能力を磨くためには、実際に経験することと、頭の中で意識してシミュレーションすることの二つが必要です。加えて、意思決定がなされている現場を観察し、学習することです。

太古の昔からなされてきた帝王学を例に説明しましょう。

帝王学は、若いうちから将来の為政者《いせいしゃ》になるべく行われる特別な訓練と学習のことです。帝王学の本質は王の振る舞いを観察することであり、王の意思決定を学習し、一部を自分でもらい受けて、意思決定の実地訓練をすることにあります。

次に、「配ること」です。先の帝王学で言えば、どのように武勲を挙げた部下に褒美《ほうび》を取らせるかが、王の能力とされました。もともと経営学における組織は、分業からはじまっています。仕事を配ることが、リーダーの仕事の根幹です。そして、部下に希望を配る、情報を配る、場合によっては、手柄を配る。さまざまなものを配ることが、周囲の動機づけにつながります。

周囲を動機づけることは、リーダーシップの最も重要な要素とされてきました。古典的なリーダーシップ理論の多くは、動機づけ理論です。周囲にさまざまな動機づけの源泉になるものを適切な量、適切なタイミングで配る。「配ること」の中には、褒美も、個人の成長の機会も含まれます。経営資源をどのように獲得、もしくは育成して、どのように関係部署に配るかは、企業戦略そのものです。

では、このような時代環境の中でリーダーシップの醸成には、何が必要なのでしょうか。私たちが関わることができる要素が、環境と能力だとすると、どのように環境を変え、どのような能力を磨き上げればいいのでしょうか。これは個人と企業の視点から考える必要があります。

この問いに答えるために、補助線（理解のための実験的視座）を引いて考えてみましょう。リーダーシップはさまざまな要素が重層的に絡み合って成り立っています。重層的というのがポイントで、決して平面ではありません。立体的に、３Ｄで考える必要があります。よって補助線は、幾何の試験のように平面に引くのではなく、３Ｄ空間にひくと考えてください。それによってそこにある事象を理解しやすくするためのものです。

全体図は、図表１－２です。

図表1-2　補助線の関係図を描く（概念図）

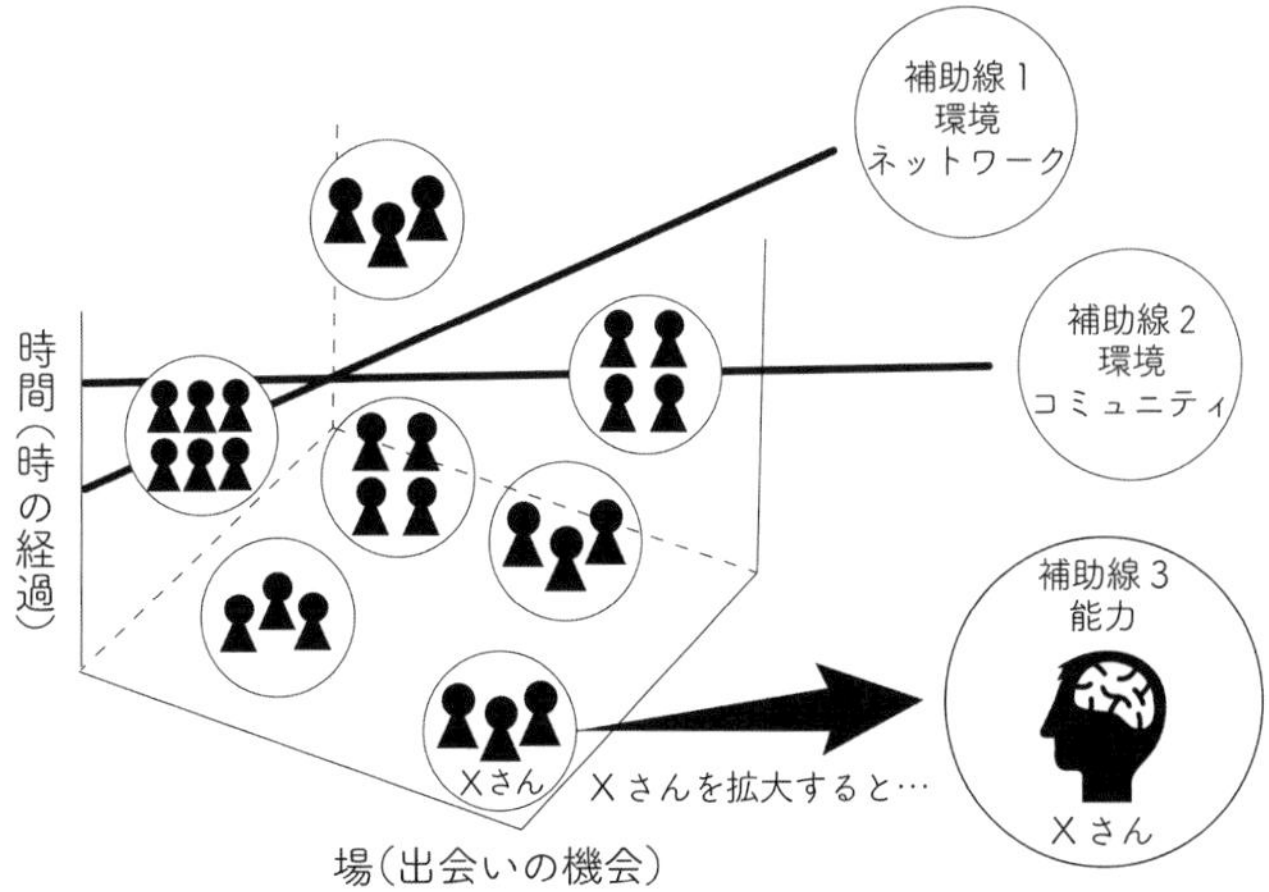

4 人の創造力は「弱い紐帯」ネットワークの中で育つ

さらに、具体的に補助線の話をしていきましょう。

1本目の補助線は、環境に対して引く「ネットワーク」という補助線です。時代の潮目は、不安定に事態が推移します。今まで考えてきた「こうするべきだ」や、その実行のための「行動の規則」が使いにくくなっている状態です。

このようなときには、「1人の知恵」よりも「集合知（多く人の知性を集めることで、より優れた知性が生まれること）」で対応したほうが、より妥当性が高い。人間と人間がつながること、ネットワーク内での相互作用、やりとりによって集団の知恵、集合知を手に入れることができます。これはリアルもバーチャルも問いません。つまり、「ネットワーク」という視点から今後のビジネスと私たちの行動を考えます。

ネットワークは、人と人がつながり、そこで何らかの情報や感情のやりとりがなされている状態が多数、網状につながっているものです。小さい単位では家族からはじまって、企業、地域や社会のレベルまでさまざまなネットワークがあります。ネットワークはそのときの構成メンバーの組み合わせや、置かれている状況によって輝いたり、恩恵を受けたり、損をしたり、心のよりどころとなったりするわけで、さまざまな顔を持ちます。そして時の経過とともに、ネットワークが大きくなったり、小さくなったりします。

多くの不特定多数の人びとと緩やかにでも、つながっていることは、自分だけではアクセスできない「知恵の泉」に対してチケットを持っているのと同義です。ただ知恵の泉にいる人たちの合理的な考え方が、必ずしも正しいわけではありません。また、感情を前面に押し出した考えがすばらしい、というわけでもありません。

さまざまな種類の人間で構成されているネットワークがあるからこそ、「多様性のある集合知」を手に入れることができますし、価値があるのです。これが日本企業が成長していくキーワードとして16ページで述べた「ネットワークとコミュニティと真摯に向き合う」ことの必要性となります。

ビジネスパーソンを例にとって、彼もしくは彼女が勤め先でどのようなネットワークを持っているかを客観視しながら考えてみましょう。まず、大きいところで「○○社の社員」というネットワークがあります。これは顔見知りであってもなくても、仕事上の内線電話で質問を投げかければ答えてくれる、緩やかなネットワークです。

同様に関連部署、自分が所属している部署、前の部署で一緒だった一群、会社内のフットサルチーム、食べ歩きのサークル、同期などがあります。少し考えただけでも一つの企業の中で異なった構成メンバーからなるネットワークがあり、誰もがその中にいることがわかります。

そこから入ってくる情報は、同じトピックであったとしても、その量や質においてネットワークごとの差異が必ず生じているでしょう。人は数多くの重層的なネットワークの中で、生活しているためです。

ネットワークと言っても、そのつながりである「紐帯《ちゅうたい》（社会を構成する血縁・地縁・利害など）」が、弱いものも強いものもあるのは当然のことです。アメリカの社会学者であるグラノヴェッター（1973）が、「弱い紐帯の強さ」（「知り合い」のような弱いネットワーク〈弱い紐帯〉が重要である）と論文の中で表現したように、必ずしも密接で濃厚なやりとりがあるネットワークを持っていることが、重要とは限りません。

プラスとまでいかなくても、マイナスではない感情をお互いに持っている人とつながっている。この状態が重要なのです。これが何らかのきっかけで、そこから有益な情報がもたらされることも将来につながるネットワークとなることも、大いにあるためです。ネットワークは資産ですから。

2本目の補助線は、「コミュニティ」です。これはネットワークと同様に、環境に対して引く補助線です。ネットワークとコミュニティは、非常に密接な関係にあります。ネットワークのないコミュニティはありませんし、その逆も然りです。ネットワークの集合がコミュニティをつくり、コミュニティの集合がネットワークを形成します。

しかし、ビジネスパーソンがネットワークを考える際には、どうしても個人の視点で、つながりを考えるため勤務先や取引先といった、企業レベル内のみのネットワークを重要視しがちです。何が起こるのか予測がむずかしい中では、もっと大きなネットワーク、つまり、社会やコミュニティとのつながりを視野に入れることが必須です。人間は社会的な動物です。[2] 社会とのつながりなしには、存在しにくいからです。

コミュニティは人が持つネットワークの原点であり、私たちの現実の生活に強く影響をおよぼします。その中でも地域コミュニティは、人間の持つネットワークの中で最も古く、リアルで関わり、生活と密着しているという特徴があります。

昭和の時代までは地域コミュニティは、家族の延長線上の機能を有していました。特に、子どもを育てるという場面においては、その力は大きなものがありました。核家族化と個人主義の台頭とともに、地域コミュニティは長らく重視されてきませんでした。しかし、東日本大震災（２０１１年3月）以降、人びとのコミュニティへの眼差しが、大きく変化しました。コミュニティにおけるやりとりの大切さを実感したのです。自分たちがコミュニティの一員として、何かしなくてはいけないという意識が復活しました。

飽食の時代への違和感から、「新しいものを貪《むさぼ》るよりも足下の生活を大事にすること」へ人びとの価値観が変化したことも、後押しになりました。人口減少の流れの中で、自分たちの町をどうにかしないといけない、という危機感を多くの人たちが持つようになりました。生活に直結する地域コミュニティの重要性が、再確認されたのです。「何か社会の役に立ちたい」「社会課題を解決したい」という希望を持っている人びとにとっては、地域コミュニティは絶好の場所でした。

リアルに、人びととコミュニケーションをとることができる。すぐにフィードバックがある。何よりも直接、人と関わり、寄り添い、感謝の言葉や場合によっては、苦言も含めてもらえる。社会の中の自分を意識することで、その存在意義、やりがい、楽しみ、喜びなど、多くの気づきを得られることを再認識しました。

地域コミュニティは、さまざまな社会課題の解決のために取り組みが行われる場所になっていったのです。「人に寄り添い、人から寄り添われる」「相互作用をしながら共に歩める」。このようにコミュニティは成長できる共通の場として、その役割を再び担いはじめました。

技術が進歩し、バーチャルが、よりリアルに近づいたとしても、人は単独では生きていけない、という根幹に改めて気がついたのだと考えられます。ひょっとしたらバブル期からの行きすぎた商業主義や、他人と比較し、競争することを可とする風潮に、人びとが疲れてきたのかもしれません。いずれにせよ、多様の人の集団であるコミュニティはあいまいで、不安定に推移する中を生きていくためのよりどころの一つであることは間違いありません。ビジネスの視点から考えると、グローバル市場は規模にかかわらず、あらゆる企業において身近なものになりました。

他方、人口減少期にあるわが国の国内市場の購買力は低下しています。大きな流れで見ると、縮小していくことは避けられない。しかし、なくなるわけではありません。対面でやりとりができるうえに、個人に寄り添うことができるニッチでディープなマーケットを形成する地域コミュニティは依然として、リアルな世界の中心の一つであることは否定できません。

では、もう1本、補助線を引いてみましょう。

3本目の補助線は、人びとに求められる能力に引きます。すでに、「決めること」と「配ること」が、リーダーシップの中枢であるという話をしました。そこでまずは、決めるという能力に焦点を当てて説明していきましょう。

意思決定能力はリーダーシップを構成する主要な要素ですが、実は、日本で働くビジネスパーソンが最も磨くべき能力です。日本では多くの場合、個人が細かく意思決定をしないですむように、社会のしくみが成り立っているためです。民族の多様性が少ないままで、長期雇用を基本として、社会を構成してきたことも原因でしょう。

たとえば、小料理屋でメニューを決めるのも多くの場合、「大将にお任せ」することで多くの人が納得します。それは、店（大将）が自分に対してひどいことはしないだろう、という安心感を持っているからです。外国の料理屋ではそうはいかない。「どんな料理があるのか、どう調理するのか」、こと細かく示され、その中で私たちが意思決定をすることが求められます。

山岸俊男（1999）は、『安心社会から信頼社会へ』（中公新書）の中で、日本を「安心社会」と呼びました。長期的な関係を重視する社会では、他人に損害をおよぼして短期的な利益を得ようとすると、自分が損を被る。よって人びとは、悪いことはしない。これを安心社会と呼び、安心はしているが、他人を信頼しているわけではないとしました。安心社会は、社会内部メンバーの均質化をもたらします。横並びでいるほうが、得だからです。

安心社会では、特に個別の意思決定の精度をこと細かくチェックされることは少なかった。均質化が前提ですから、前例を踏襲していたらほとんどの場合、何とかなったのです。前例を分類してパターン化して応用する。これが勝利の方程式と私たちが呼んでいたものの正体です。

ところが、多くのビジネスパーソンが実感し、散々、この章で触れてきたように、現在は前例があてはまらくなっているのです。今まで有効だった「こうあるべきだ」が不能になっているときに、新しい「こうしたい」「こうするべきだ」を自由な発想でつくり、対応するのが意思決定能力の真髄です。1回で現状に有効な「こうするべきだ」ができあがるとは限りません。試行錯誤や手間ひまをかけて探し出していくことは、当たり前です。試行錯誤は恥ではありません。「結果良ければすべて良し」が、基本です。

意思決定をする能力は訓練によって磨くことができると、先に述べました。しかし、今まではこの訓練が、十分ではなかった。安心社会では多くの場合、前例踏襲でこと足りたので、新しく「こうしたい」「こうするべきだ」をつくる訓練をすることは、重視されてきませんでした。試行錯誤をすること自体が、責任者として好ましくないやり方として分類されてきました。

パターン化の中の意思決定が重視されると、新しい対応はリスクが大きいと認知されます。当たり前ですが、新しいことには経験値がないので、どのように事態が進行し、推移していくのかは不明です。そのため対応がしづらい。加えて失敗したら、誰が責任をとるのかが問題になります。

その点で前例踏襲は、ある程度、パターン化された事態推移予想があるので、失敗しても何が前と違ったのかが理解しやすいし、何らかの手を打ちやすい。パターン化で対応するほうが安心で低リスクだったのです。この前例踏襲の偏重が、現在の混乱を引き起こしているのです。

一方で、「決めること」とセットである「配ること」という能力についてですが、これは「言語化能力を磨くこと」と置き換えてもらっていい。あいまいで予測がつかない環境は人に不安を与えます。不安に人びとが満ちているときこそ、「希望を配ること」が、リーダーの役割です。希望には将来への見通しや、自分たちのなりたい姿など、明確に言語化できる要素を持つことが不可欠です。

安心社会は同質化社会ですから細かく言語化しなくても、ことが足りていました。阿吽《あうん》の呼吸でわかり合えることが、ネットワークの中でも、コミュニティにおいても、重要でした。ところが、潮目が変わっている現在では、阿吽の呼吸を職場のメンバーに求めることは非常に、むずかしくなっています。求められるのは、みんながわかるように可視化することであり、そのために言語化することです。部下に自分の背中を見せて学ばせる、という伝統的な光景は、言語化し、明確化して学んでもらう、という光景に変化させていかなければなりません。

――あいまいさを受容する力「ネガティブ・ケイパビリティ」とは？

さて、「決める」と「配る」の理解が進んだところで、ここでは意思決定についてまた、別の角度から眺めてみましょう。

潮目の変わる中で、新しいことを絶え間なく産み出し、社会の急激な変化に対応する。

迅速な対応は重要ですが、他方では、大局を考えることも求められます。大きな指針の「こうするべきだ」の意思決定は、単なる対応とは性質が違います。一度立ち止まり、不連続で、どう解釈したら良いのか不明な状況にあることを受け入れつつ、事態に向き合い、何かを生み出していく必要があります。

逆説的ですが、変化する状況に対して連続して対応しなくてはいけないときこそ、大局の方針を定めるときに熟思することが不可避です。不安定であいまいに事態が推移するからこそ、経験則では対応しにくいのです。安易にパターン化せずにじっくりと向き合い、多方向から考え、予測し、決めることが求められます。この能力を「ネガティブ・ケイパビリティ」と言います。

私たちはパターン化の意思決定に慣れています。しかし、環境が変更している中で、今後の行く末を決めるような大方針や戦略を決めるときには、過去の延長線上から決めるのではなく、さまざまな角度から検討し、未来を予想し、考察し、意思決定することが必要になります。

これは、通常に求められる迅速な意思決定での対応とは別次元の話ですが、意思決定をしなくてはならない当事者にとっては、むずかしい状況です。違う次元の意思決定をしなくてはいけないのですから。二律背反はキーワードです。「意思決定」と「あいまいさ」を我慢できる能力を身につけるという「二律背反した能力」が求められるのです（くわしくは第6章で述べます）。

3本の補助線が引かれました。環境に対しては、「ネットワークとコミュニティ」。能力に対しては「あいまいさへの耐性」。ただし、ネットワークについては、ネットワーク構築力についても考えますので、能力の部分でも扱うことにします。こうして補助線が決まったところで、第2章では、グラノベッター博士が発表した「弱い紐帯の強み」である「弱い社会的なつながりをたくさん持っている人たちのほうが、新規性のある情報をもたらす可能性がある」という考え方も踏まえて見ていきます。

そこでは京都という伝統と歴史のある地域で、創業100年目を迎える京都信用金庫の今までの歩み、そして事業へ取り組む姿勢とその根底に流れるお客様との向き合い方や考え方などを事例とします。

本書で説明する3本の補助線を頭の中でイメージしながら京都信用金庫の取り組みを眺めていくことで、潮目が変わる時代におけるリーダーシップの取り方と経営のあり方のヒントが浮かび上がってくるはずです。さあ、ともに見ていくことにしましょう。

1 ＩＭＤ（International Institute for Management Development）国際経営開発研究所。ローザンヌ（スイス）にあるビジネススクール。

2 アリストテレス zoon politikon

第2章

ネットワークとは何か

企業と地域をつなぐ「京都信用金庫」の事例より

1 つなぐ経営への取り組み

日本企業が暗中模索していることは、すでに述べました。第2章以降は、社会の課題解決のために職員の一人ひとりが知恵を絞り、奮闘している京都信用金庫の事例をリアルに追うことで、潮目を乗り切るヒントを抽出します。

最初にみなさんに申し上げたいのは、「思考停止にならないでください」ということです。他業界であったり、競合である企業事例であっても、真摯《しんし》にそこから何かを学びたいという姿勢を持つことで、自分が働く企業に適応できるアイデアに昇華《しょうか》することが可能になります。ぜひ、思考実験をしながら読んでください。残念なことに、私が「自分と同じものを探す症候群」と密かに名づけている人たちは、社外のできごとは「自分には関係ない」と思考停止してしまいます。いやいや、それはもったいない。

知恵というのは世の中にある事例を一般化して自分ごとに落とし込む一連のプロセスから生まれます。重要なことは、サンプルとなる事例をさまざまな角度から深く考察し、そこから手に入れたエッセンスを自社に当てはめてみたらどうなるか。何が同じで、何が違うのか。どうすれば自分たち、または事例の企業が、より良くなるのかの思考実験を行うことです。

京都信用金庫の日々の取り組みを客観的に分析する中で、自分であればどうするのか考えてみてください。同意することもあるかもしれません。ひょっとしたら、もっと良いやり方があるかもしれません。事例は教本ではありません。その一連のプロセスからみなさんが、今後のビジネスのあり方についてヒントを得てもらえれば、と思います。

京都信用金庫はその名の通り、京都を地盤とした信用金庫です。1923年に「有限責任京都繁栄信用組合」としてはじまり、1951年に京都信用金庫として発足しました。現在は、京都、滋賀、北大阪を営業地域とし、常勤役職員1551人、店舗数94店舗を擁しています（2023年3月末時点）。

信用金庫はあらかじめ定められた地域のための地域密着型の金融機関です。信用金庫法で「国民大衆のために、金融の円滑を図り、その貯蓄の増強に資する」ことを目的と定められています。中小企業や個人を主たる顧客としています。

銀行が株式会社なのに対して、信用金庫は、会員（顧客）の出資による非営利法人という成り立ちの違いがあります。会員は1人1票の議決権を持ち、信用金庫の運営に参加するという会員の自治に基づく経営を行うことが特徴です。

加えて、信用金庫は営業地域が一定の地域に限定されており、貸出は原則会員に限られています。地域コミュニティのための金融機関という性格を強く持ちます。

京都信用金庫は、1971年に「コミュニティ・バンク宣言」を行いました。今では信用金庫や信用組合全体のことをまとめてコミュニティ・バンクと呼びますが、京都信用金庫が日本で初めてコミュニティ・バンクという言葉を使った金融機関です。同宣言を行った当時の理事長榊田喜四夫氏は、コミュニティを「ある一定地域に住む人々どうしのつながり[3]」としたうえで、コミュニティ・バンクと地域との関わりについて、次のように述べています。

「コミュニティ・バンクは、地域に欠かせない一つの機関として融けこむことをつねに志向する。その際、コミュニティ・バンクは地域住民の生活のセンターとなり、親しまれる目印となり、地域に必要な諸施設をととのえる先導者となるにとどまらない。コミュニティ・バンクは、人々の生活と事業の設計に、あらゆる方法で恒常的に尽く

す、地域の〝血液〟の役割をひきうけることを使命とする。コミュニティ・バンクは、地域社会のあらゆる面での生活に命を与えつづける血液の送り手である」[4]

自らのコミュニティ・バンクとしての役割を「血液の送り手」と明言しています。血液は体内を巡り臓器をつなぐ役割を持ちます。地域コミュニティの中にいる個人と法人に対して、情報をめぐらせ、つなげる役割であるということ。つまり、地域の中でネットワークをつなげ、広げ、それぞれの生活の中で個人個人が幸せであることの手伝いをする役割であることを明示化したのです。

コミュニティ・バンク宣言では、「会員・顧客（Customer）、職員・家族（Company）、地域社会（Community）の三つのCからなるシンボルマークを制定し、単なる中小企業専門金融機関でもなく、単なる地域金融機関でもないコミュニティ・バンクとして地域経済、地域文化形成に不可欠な金融機関となることを行動理念とする」と謳い、それ以来、地域のネットワークの要諦《ようてい》として、豊かな付加価値を提供するという立場を崩さずに運営されています。

京都信用金庫は資金の融通にとどまらず、情報で人をつなぐこと、そして顧客とともに、社会課題を解決することを目標として、歴史を重ねてきました。
社是にも地域との関わりを最重要にすることが明確に現れています。

「当金庫は　会員・顧客の繁栄、職員・家族の繁栄、地域社会の繁栄　この三つの理念を柱として、その実現のために有為な人材を開発育成し、社会公共に奉仕する」

京都信用金庫の店舗にもこの思想は色濃く表現されています。「地域の人びとが集えるオアシスとなるように」と、各店舗にコミュニティ・スペースが設置され、そこで何らかのイベントが定期的になされます。
地域に場を開放することで「人の輪」が生まれ、そこから生まれたネットワークを大事に育てる。地域の中の人と企業をつなぎ、コミュニティの発生を助け、コミュニティを育てることが、コミュニティ・バンクの使命だとし、その歴史を刻んできました。

――事業をつなぎ、人をつなぎ、「想いを繋ぐ経営」

多くの長寿企業が経験するように、京都信用金庫にも時代の波に翻弄された時期がありました。経済成長の時代の中で、地域の血液であることをモットーとして運営されてきましたが、いくつかの存続の危機とも考えられるトラブルも経験しました。

京都は、金融激戦区です。メガバンクをはじめ多くの競合がひしめく中で、バブル崩壊後は御多分に漏れず経営環境の悪化に悩み、不良債権の処理に苦心した時代もありました。日本経済が長い停滞期に入った中で、自分たちが生き残るためにどうすればいいのか。悩んだ末に、コミュニティ・バンクという原点をもう一度見直し、原点に徹底的に戻ることを決断したのです。

営業の「数字至上主義」のいわば冷たい金融から、地域に根ざした温かみのある金融へと、方針転換と組織改革をはじめました。2008年3月に「絆づくり5カ年計画」を打ちだして以降、事業をつなぎ、人をつなぎ、「想いを繋ぐ経営」に邁進することがより重視されました。具体的には、地域内の中小企業や個人に徹底的に寄り添い、ともに課題解決していくプロセスを重視し、商売につなげていくというものです。これを「絆づくり金融」と呼んで、商売の基本の形としました。こう書くと、一般的な営業の教科書に書いてある話と同じです。しかし、それを言葉だけではなく愚直に職員全員でやり続ける。そこに特徴があります。

ここでいう絆づくりは、単なる無機的なネットワークの状態をつくることではなく、「社会的な紐帯（二つのものを結びつけるもの）の確立」、即ち程度の差はあれ「お互いに助け合う関係を創り上げること」を意味しています。一見、商売と関係ないことでも、ともに取り組むことを最初のアクションとします。直接、商売につながらなくても、「長い目で考える」というのが基本的な方針です。絆づくりを基盤とした経営改革を推し進め、現在に至ります。

２０２２年3月期における全２５４信金ランキング（『本当に強い信用金庫』／週刊 エコノミスト）では、総資産で全国4位に位置し、２０２０年の10位、２０２１年の5位から順調にランキングを上げています。加えてメインバンク取引数の多さでも２０１７年以降、12、13位くらいを常に維持しています。一方で、２０２２年の自己資本比率は8・46％と２５４信金中下位15％の間にあります。

銀行の自己資本に関する国際統一基準が8％以上[5]ですから、ボトムラインは維持していることになりますが、良い数字とは言えません。リスクを多くとって積極的に貸し出していいるとも言えますが、経営指標としての数字は、ずば抜けて良いわけではありません。

他方、地域に根ざした経営姿勢と取り組みは、近年リレーションシップバンキング[6]の好事例として、多くの地銀や信用金庫が、京都信用金庫をお手本にするようになりました。京都市より、地域に根差して企業活動に取り組んでいるとして『京都市輝く地域企業表彰〝地域企業輝き特別賞〟』（2019年12月）、内閣府より地方創生に資する金融機関等の『特徴的な取組事例』（2020年5月、2022年3月の2回）として取り上げられました。また、21世紀金融行動原則から『最優秀取組事例特別賞』（2021年3月、2023年3月の2回）として表彰されています。

2 どのようなネットワークをつくるのか

京都信用金庫の大まかなプロフィールを見てきたわけですが、ここからは次の作業に入ります。第1章で説明した補助線を引いて考えるという作業です。最初の補助線は、環境に対して引きます。

先ほど、潮目が変わる時代の経営においては社会的資本（人と人との結びつきを支えるしくみを焦点に置く）であるネットワークがカギになるという話をしました。ネットワークを持つということは多くの人の叡知《えいち》に触れ、1人では到達できない見地で対応ができることと同義だからです。ネットワークは何らかの行き来があるつながりのことです。当然のことですが、ビジネスは何らかの財かサービスの対価にお金をもらう交換が基本です。多くの人を知っている、多くの人に何らかのアクセスができる、ということは交換の可能性を多く持つことになります。

昔から多くの人を知っている、もしくは知られている、ネットワークがあるということは、ビジネスにとって大事な要素だとされてきました。ソーシャルメディアの興隆で、私たちは多くの人とつながる機会が増えました。違う世界に住むハリウッドスターが、日本の片隅に住んでいる自分のつぶやきに反応してくれるというようなことも発生する。インフルエンサー（人の思考や行動に大きな影響を与えること）と言われている人びとの目にとまり、近所でしか売れてなかった商品が全国区で猛烈に売れる、という現象も日常でよく見聞きします。

その意味で人のネットワークは、一昔前と比べて格段に大きくなりました。ただし、ネットワーク——特に、インターネット上の友だちネットワーク——が大きくなったからと言って、必ずしもビジネスが上手くいくとは限りません。もちろん、何かを販売するという行為において、露出が増えることで手に入れるものが増える効果は大きいのですが。しかし、ネットワークが大きくなったからと言って、自動的に人と人とのつながりを深めることができるのかというと、そうとは限りません。

前章で私たちの国がAIに頼らなくてはいけなくなる未来を確実に迎えることは、すでに述べてきた通りです。ただAIは優秀ではあるものの、人と人のリアルなつながりを深める手伝いそのものはできません。このように書くと、マッチングアプリは最適な交際相手や必要なビジネスのスキルを持った社員を探してくれる、という反論が出るかもしれません。

しかし、相手を探してくれても、それが将来を話し合う相手につながるのか、商売のパートナーにつながるのかは、別の話です。人間同士がやりとりをする（リアルである必要はありませんが）プロセスの中で、自らのネットワークが形成されていくのです。

つながりと言っても、「1：1」から「1：多数」「多数：多数」と、すべてを含みます。個人の視点で見ているのか、企業同士のネットワークについて見ているのか、それとも社会全体のネットワークを見ているのかによって、見えてくる風景はまったく違ってくるのです。

――ネットワークを「無機的」「有機的」な観点から眺める

ここまで読み進める中で、ネットワークという言葉が日本語でさまざまな使われ方をしていることに気がつきます。つながりという言い方もなされます。京都信用金庫では、絆という言葉でネットワークを表現し、紐帯という言葉も出てきました。ネットワークは重要な概念ですから、言葉の整理をしておきましょう。

ネットワークは、ある二つ以上のもの（人でも、企業でも、地域でも）がつながって、やりとりができる状態を示す言葉です。この言葉をそのまま示す日本語はありません。[7]「やりとりができる」というのがポイントで、複数のコンピューターが接続されたものは、コンピューターネットワークですし、通信インフラによって接続されているものすべてをネットワークという言葉で表現します。輸送における空路や陸路も、ネットワークという言葉を使います（ネットワーク上を物資がやりとりされる、という意味になります）。

本書でとり上げるのは、その中でも人的ネットワークです。人と人がつながり、何らかの情報や資産を共有し合っている状態のことを指します（以降、特別な但し書きがなければ、本書のネットワークは人的ネットワークのことを示す）。

人的ネットワークは、そのとらえ方によって、二つに大別できます。ネットワークそのものの状態にスポットを当てる場合と、ネットワークにおけるやりとりにスポットを当てる場合です。目前に存在するネットワークそのものには、差はありません。「人間がどう解釈するか」だけの違いです。そしてネットワークという言葉は、日本語ではつながり、と表現して終わりです。

ネットワークそのものの状態にスポットを当てている場合は、ネットワークをいわば無機的にとらえます。どのような状態でネットワークが結ばれているのか、何人を通じてネットワークが結ばれるのか[8]、グラフや図表で表現し、その状態を可視化します。

どのくらいのリンク（つながり）をノード（人）が持っていて、ネットワーク全体が構成されているのか。客観的にネットワーク全体を考えます。

対人関係の構造を可視化し、どのように相互作用を行っているかを明らかにするやり方は、１９３０年代からはじまりました。精神科医のヤコブ・レ・モレノがつくったソシオメトリーという手法です。人と人との関係を図式化することによって、人の社会集団に対する力関係を明らかにしました。

その後、つながり、即ちネットワークについての研究は、コンピューターの値段が急激に下落し、個人への普及が急激に広がった２０００年前後から盛んになりました。加えてコンピューター・シミュレーションが身近に気軽にできるようになったことから、人がどのようにつながっているのかを可視化することが可能になったのです。

他方、ネットワーク上で行われたやりとりの内容に、スポットを当てている場合もあります。思いや感情といった要素も含んでやりとりの内容を分析し、分類して考えます。単なるつながりの状態を示すのではなく、自分なりの解釈を通してネットワークを有機的なものと位置づけるのです。

絆という言葉は、その典型でしょう。言葉が持つそもそもの意味は、「家族・友人などの結びつきを離れがたくつなぎとめているもの」ですから、「離れがたい」という感情が最初から入っている言葉です。

同様に、人脈という、個人の持つネットワークを表現した言葉も、「ある集団・組織の中などで、主義・主張や利害などによる、人と人とのつながり[9]」を表し、ここにも主義・主張という人の思いが入っています。

どのようなネットワークが必要か、どのようなネットワークをつくると有効に機能するのかを考えるのは大切です。しかし、それはネットワークをつくる人間の問題で、ネットワークそのものの問題ではありません。さまざまな言葉で表現されることのあるネットワークですが、本書では「つながっていて、やりとりがなされている状態」と位置づけることにします。

3 人と自由に出会い、つながれる「空間」のある価値

さて、京都信用金庫は「絆」という言葉をどのような意味で、何を目的に使ってきたのでしょうか。どのようにネットワークを構築して、どのようにビジネスに役立ててきたのでしょうか。

2020年11月に京都市役所の筋向かい、河原町通りと御池通りの交差点の角に白い硝子張りのビルが出現しました。祇園祭で山鉾が辻回しをする一等地です。外観からは、そこが金融機関であることは想像がつかないかもしれません。

京都信用金庫のシンボルマークを知っている人は、ビルの正面に描かれたCマークを認知するでしょう。しかし、どこから見てもファッションビルです。このビルは、京都信用金庫が企業として社会に向けて開放し、新たな事業やつながりを孵化《ふか》（インキュベーション／事業の創出、創業を支援するサービスや活動）させるネットワークづくりのための場です。

さまざまな人が交わり、そこで対話が生まれ、知恵の交換ができるという設計思想でつくられています。

京都信用金庫河原町支店は、6階にあります。1階はチャレンジスペース、2階と3階はコワーキングスペース、4階がイベントスペース、5階が学生向けの無料のオープンスペース、7階は会議室、8階はシェアキッチンと会食スペースです。

このビルは、「QUESTION」という名を持つ、もともと河原町支店があった場所に建てられた施設です。コワーキングスペースは、「何かをやりたい人、起業したい人や企業」に対して、有料でたまり場や仕事場を提供し、そこで生まれた課題を解決するために京都信用金庫の知恵と人々が結集できるしくみです。

最上階の大キッチンはコミュニティ・キッチンと名づけられています。みんなで料理をし、「同じ釜の飯を食う」ことでお互いを身近に感じ、そこから対話がはじまり、ネットワークの孵化がはじまる。そんな可能性を高める設《しつら》えです。

この施設について理事長の榊田氏は、

―「地域の人と人、事業と事業をつなぐ温かい交流の場にしていきたい。ここで出会い、つながり、そこで生まれた疑問や課題（まさに、ＱＵＥＳＴＩＯＮ）を、みんなで寄ってたかって解決する。この場所を通じて多くの人が新しい気づきや出会いを体験し、地域全体をクリエイティブでイノベーションが起こりやすい場所に変えていく」

と、ビルのコンセプトと、ＱＵＥＳＴＩＯＮをつくるに至った背景を述べています。

「ダウンサイジングの世の中でどういうふうに金融が役に立つのか、どのようにすれば役に立つ金融を実践できるのかと考えたら、もはや20世紀型のお金を融通するだけの金融ではなく、これからはお客様の事業の課題だとか地域の課題に一緒に向き合って、一緒に考えて、未来を一緒につくっていく。

こういうのが金融機関の存在意義ではないかな、と我々は思い描いています。こういったことをやっていきたいという思いでＱＵＥＳＴＩＯＮをつくりました」

困っているお客様、中小企業のお客様、スタートアップのお客様をこれからのターゲットとすることを明確に宣言しました。そして、自分たちを〝おせっかいバンカー〟と謳っています。

「我々は〝おせっかいバンカー〟と、自分たちを定義しています。2000人の職員が力を合わせて全力でお客様に寄り添う。ちょっと変な金融機関だなと言われても、おせっかいバンカーであることを貫いていきたいと思っています」

地域にいる人や企業が自然とつながることができる場を京都信用金庫として提供する。人びとが集い、語らう。コミュニケーションの中で生まれる、さまざまな問いや課題に対して、メンバーがみんなで取り組む。ここで強調したいのは、「1時間でいくらのコンサルティングフィーをいただく」ということをまったく想定していない点です。あくまでも「おせっかい」が基本です。その後、お客様になる可能性を残しつつも、直線的に何かをやったから、対価としてすぐに何かをいただくという発想がまったくないというのが特徴です。

もちろん慈善事業ではないので、長いスパンで見たら、おせっかいを受けた人や企業が潜在的なお客様になる可能性は大いにあります。しかし、それが目的ではないと榊田氏は強調します。地域の絆づくりに注力することで、結果として自分たちのやりたい金融の姿に近づくのだと言います。

――なぜ、京都信用金庫は「絆」にこだわるのか

ではなぜ、京都信用金庫は「絆」という言葉を使って、人と人をつなげること、つまり、ネットワークを強くすることや広げることが重要だ、という考えに至ったのでしょうか。

①事件と原点回帰

1996年春、バブル崩壊後の金融不況の中で、京都信用金庫の元幹部職員が約25億円の業務上横領で逮捕されるという事件が発生しました。この事件は、京都信用金庫が再度、原点に帰ろうと決意した契機となりました。

当時は、まさに金融不況でした。バブルの金あまりの時代のあと、1990年の日銀の総量規制の実施で、バブルは崩壊し、急激な景気減速がはじまりました。多くの金融機関は融資を絞ることが求められ、日経平均株価は強烈なダウントレンドに入りました。

円高が速いスピードで進行し、経済の空洞化が社会問題となりはじめていました。19

91年には、大手証券4社が損失補塡で業務停止、そして1995年の阪神淡路大震災と地下鉄サリン事件の発生と、日本はまさに激流の変化の中にいました。世界に目をやると、1990年の東西ドイツの統一、1991年の湾岸戦争の勃発、1993年の欧州連合の発足など、第二次世界大戦後からはじまった安定した時代が終わり、先の見えない時代に世界全体が突入していました。そんな時代背景の中、事件が発覚したのです。

当時の京都信用金庫は、井上達也理事長のもと、バブル崩壊後の厳しい環境の中で拡大路線をやめて、「自己責任と顧客本位を基本とした経営に取り組む」と自らの方針を明確に定めていました。バブル時代の負債を膿《うみ》として出し、構造改革をしようと必死で自己変革を試みていました。

井上理事長は1996年の年頭の挨拶で、「自己責任原則のもとで淘汰の荒波を乗り超えるには、身の丈に合った金融業務を行うことが必要である。それこそがコミュニティ・バンクである自分たちの進むべき道である」と、繰り返し述べました。地域のための金融機関という原点復帰を目指して舵を切り、少しずつ成果が出はじめていました。そこに、この事件が発生したのです。

当時のこの事件を取り上げた朝日新聞の記事です。

同金庫を利用している近くの自営業の男性（45）は「最近は金融機関も変わってきて、こういうケースが多いから別に驚きはないよ」。本店から出てきた中京区の男性（60）は「ニュースで知ったが、またか、という感じ。預けても利息は少ないし、金庫代わりに使ってるだけ。昔は銀行と言えば堅いと思ってたけど、今は一番いい加減なところと思える」と冷ややかだった。

（朝日新聞　1996年4月20日　京都版　朝刊より）

このときのことを振り返って、当時の職員は、こう語ります。

「入社して3、4年の頃にこの事件を経験しました。何とも悲しい事件でした。春だったので桜の時期になると、あのときのことを思い出します。マスコミの取材も凄くて、いつも緊張していました。マスコミのカメラが外から写しているので、店内では絶対に走るなと言われました。慌ただしく見えますから。

お客様のところに行くと、『信頼していたのに』と言われましたね。かなり厳しい指摘も受けました。当時の営業のやり方として、お客様の財務諸表だけを見て、資金余剰のあるところに運用の提案をしにいくという飛び込みのような営業をしていたので、つきあいが薄いところからは、即切られました。本当に即。この事件の後、社内の体制がすごく変わりました」

この後もバブル崩壊の影響で、日本企業の経営環境はますます悪化します。1997年の三洋証券、北海道拓殖銀行、山一証券という日本を代表する金融機関の破綻や自主廃業が続き、加えてアジア通貨危機の発生と、金融市場そのものが大きく揺らいでいました。悪いことに円高が急激に進み、日本経済はさらなる大打撃を受けます。多くの製造業が海外に出ていかざるを得なくなりました。中小企業は悲鳴を上げていました。

この激流の中で事件の影響に苦しみながらも、井上理事長は「基本に忠実」という方針を再徹底します。身の丈に合った経営を謳い、不良債権を抜本的に処理することを最重要課題として、事件翌年の1997年を「第二創業年」と位置づけました。

「基本に忠実」の意味するところは、社是・社訓に忠実ということです。コミュニティ・バンクとして、地域に真正面から向き合い、お客様である中小企業、個人に対して忠実に仕事をするという基本的な経営姿勢を貫くことを改めて決意しました。

当時、経営企画部長で基本に忠実路線の陣頭指揮をとった増田寿幸氏（2008年6月、理事長就任）は、この事件以降に、〝絆づくり〟という言葉が出てくる背景をこう説明します。

「1989年のベルリンの壁崩壊で、地球は一つになった。グローバリゼーションです。グローバリゼーションによって、お金は世界中を周り、競争が激化してきた。競争が激しくなると、いいことばかりではありません。社会の分断が強くなるのです。何が起こったかと言うと、ブリックスと呼ばれる新興国が急速に進展してくるわけです。

なぜ、ブリックスが急速に進展できたかと言うと、鉄のカーテンがなくなって、みんな同じ市場になって、安くものがつくれるから中国も、ブラジルも、ロシアも、インドも、大発展するわけです。グローバリゼーションは、市場が一つになっていくことです。

2000年代の流行語だったと思いますが、『勝ち組・負け組』という言葉を若者が使うようになりました。良い会社に入ったら勝ち組、そうでないのが負け組、人を勝ったか負けたかで単純に区別する世の中の流れでした。

分断がきつくなって、コンピューターが使える人と、そうでない人との情報量の違いが生まれました。就職できるかできないか、あるいは携われる仕事の種類にも違いが、はっきりとしてきました。企業で言えば、海外市場にアクセスできる企業と、そうでない企業で販路や仕入れ方が違ってしまう。国内との関わりしかできない企業と、そうでない企業との格差が非常に大きくなる。これは私たちが相手にしているお客様が、まさに直面していた問題です。

そういう分断が激しくなった結果、かつてあった絆のようなものがなくなっていくという危機感を私たちは持ったのです。ニュースを見ても陰惨な事件が増えました。家庭というものが、機能しなくなっていると思ったのです。

そして社会のつきあいが希薄になっている。これはまずいよなと考えたのが、われわれの絆づくりの原点です。バブル崩壊以降の厳しい逆風の中で、人と人の絆とか紐帯というものの重要さを実感していました」

第二の創業年以降、京都信用金庫は地域における絆づくりの強化を最重要課題としました。自分たちはコミュニティ・バンクであるという原点に立ち戻ったのです。「あらゆる面で地域社会の生活に命を与え続ける血液の送り手」として、まずは地域社会の発展を考えることを、行動するうえで最初のステップとしました。

「血液を送る」というのは、血管を拡げ、血管をつなぎ、血液が循環する環境があってはじめて、成しうることができます。人や企業、そこを流れる情報や思いのネットワークを拡げてつなぎ、循環させてはじめて、「血液の送り手」になれるのです。

それまでの預金量の増加を重視するという方針から、社是に忠実になること、即ち、「会員・顧客の繁栄」を改めて最重要とする方針を確認したことによって、よりきめ細かく、「顧客本位の営業姿勢」をとることが必要となりました。

井上理事長は、「悪いことはあかん、損得で考えたらあかん、善悪で考えろ」と常に言い続けました。損得は金融機関本位の考え方です。人間としての善悪のほうが金融機関の都合よりも優先するのだ、ということを改めて強調し続けました。お客様の立場になって、時には悪いことは悪いと言う。顧客と金融機関の関係の王道は、「誠実で対等な関係をお互いに築き上げることである」と、社内に徹底しました。

一方、不良債権の処理を進めることも生き残りのためには不可欠で、非常に厳しい時期を迎えていました。当時のことをある支店長は、こう振り返っています。

「テレビをつければ、倒産のニュースばかりでした。安全の代名詞みたいな生保も潰れましたしね。企業の不正隠し事件が頻発しました。明るいニュースなんて本当に少なかった。デフレ不況と言われて、私どものお取引先も苦難のときでした。本当に辛かった。お客様に次のご融資ができない、と言わなくてはいけない場面もありました。

お客様にしんどいことをたくさん言われて、帰りの足が重かったことなんて数限りなくあります。そういう環境だったから、お客様のお役に立ったとき、ありがとうの言葉をいただいたときは、本当にうれしかった」

厳しい経済環境に翻弄されながらも、各支店がそれぞれ工夫を凝らし、地道な努力を積み上げた結果、2003年には金融ビジネス誌の全国の中小企業アンケートによる「取引していて満足な銀行、取引したい銀行ランキング」で地銀、信金などの地域金融機関部門4位を獲得したという朗報も入りました。

②お客様に寄り添うこと、話すこと

ただ、日本経済全体は依然として傷めつけられていました。同時に金融界全体としてもバブルの時代以降、不良債権処理が最大の課題でした。長い景気拡大とジャパン・アズ・ナンバーワンと言われて浮かれていたツケが、日本全体を襲っていたのです。拡大至上主義から一変し、金融機関は自分たちの状態を正確に把握し、お客様を取捨選択し、財務状態を良くしていくことが金融庁からも社会からも求められました。

前出の増田氏は、当時をこう振り返りました。

「私はその当時、審査部長でした。審査部長になったら、毎日毎日、机の上に置かれる書類は深刻で、どう考えても返済されない案件ばかりでした。読んでいてしみじみ思いました。何でこのような先に融資をしたのか、書類を読んでもわからないのです。

つまり、担保があるから融資している。あるいは、他行が融資しているから融資した。その会社が将来どうなっていくのか、今、何をやっているのかもわからないままに融資をしていたのです。

書類にA株式会社というところがありました。毎年の決算内容を見ていると、赤字、赤字、赤字……。赤字だったら融資返済できないじゃないですか。この会社は何をしている会社なのか、と思いました。金属加工業と書いてあった。金属加工業とは、何の金属を加工しているのか。鉄か、アルミか。加工というのは、丸めているのか、伸ばしているのか、穴をあけているのか、それとも表面加工をしているのか。そこで支店長に電話して『金属加工と書いてあるが、何をしている会社なのか』と尋ねたところ、『はあ』という返事でした。わからないのです。

『だったら、金属とは何か。アルミか、鉄か』と聞くと、『たしか、金属です』と言う。支店長はわからない。工場へ行っていない。これはつくづくまずいなと思いました。高度なことを尋ねているわけではないんです。

単に相手を知れと言いたかった。何をやっているのかわかってから融資をしようよ、と。何をやっているかわかっていたら、失敗は少ない。もちろん、失敗はありますよ。でも、知らないで融資するよりは圧倒的に少ない。

融資した本人の勘違いだったということもあるでしょう。誠心誠意その人のやっている仕事を聞いて、なるほど、儲かりそうだな、で融資したこともあったでしょう。

少なくとも、融資をした職員にその会社の未来への確信があって融資していたら、まだ救われるのです。その会社が何をやっていたか知らないことが、原因だったのです。そこに、お客様とのつながりの希薄と関係性のなさを感じたのです」

この種の声は金庫内の多くの会議で年齢や職位を問わず、素直な意見として発せられていました。お客様との対話、コミュニケーションが少なかったのではないか、という振り返りと反省の声が至るところから聞こえました。

同時に、「自分は京都の中小企業の手伝いがしたいと思って京都信用金庫に入ったのに、こんな体たらくでいいのだろうか。もっと自分たちにできることはないのだろうか。お客様に何かできないだろうか」という声も大きくなっていました。お客様と話すこと、お客様を知ること、の重要性が改めて職員の胸に刻まれていきました。

4 地域で「働く」「暮らす」人たちと何ができるのか

2004年6月、井上理事長のあとを受けた粂田猛理事長は、ある会議で「中小企業の社長は、外面は元気やけど、内心は孤独なんじゃないだろうか」と、彼の問題意識を示しました。その問題意識は、現場にいる職員が痛烈に感じているものでもありました。

もしも孤独なのだとしたら、その人たちを孤独にしないことが信用金庫の使命なのではないか。そもそも地域のための金融機関なのに、自分たちが地域の企業を守らなくて誰が守るのだ、という意識が多くの経験を経て職員の中で強くなっていったのです。

粂田理事長は職員の教育に、さらに力を入れます。2007年度から1カ月の任期で取引先に職員を派遣し、現場を自分の目で見て経験するという「取引先企業派遣研修」をはじめました。

取引先で実際に社員と同様に働くことで、お客様の目線はどこを見て、何を感じるのか。お客様は、どのような言葉や表現を使って仕事をしているのかを経験し、学習します。この体験によって獲得したお客様の目線や考え方は、研修に参加した職員の財産となります。

社会の変化とともに、自分たちも勉強し、バージョンアップすることが不可欠だと実感するようになりました。バブル崩壊後に課せられた不良債権の処理、ありていに言うと、融資の見直しや取引の停止といった後ろ向きの仕事ではなく、お客様の役に立つ前向きな仕事をしたい、という希望が強くなっていきました。

それと同時に、仕事のやり方を変えなくてはいけないという意識も、現場の職員から役員にまで高まってきました。そのための一つの取り組みが人の手ではなく、コンピューターの手を積極的に使って情報を集約し、処理することでした。これによって営業担当者がお客様と話す時間が増えました。そしてお客様の事業についてお話を伺うときに、役立つツールとなりました。

２００７年、「21世紀のコミュニティ・バンクを目指して」と銘打った「新中期経営計画」が発表されました。最初に「地域社会に新たな社会的紐帯、人々の絆を育むことがわれわれの使命である」と大きく示してあります。この「新中期経営計画」には、「京信・絆づくり5カ年計画」と名称がつけられ、２００８年からの京都信用金庫の目指す姿となります。

以降、京都信用金庫はお客様との絆を全面に押し出すようになります。それは本来のビジネスフィールドである地域に、より密接に関わることを意味しました。地域の絆、紐帯と金庫との関わりについて粂田理事長は、「市場重視のグローバリズムが進んだ中で、新しい価値観を形成するためには人間相互の共感、協調というコンセプトに基づく『人びとの絆の再生』が今、社会に求められている」と述べています。

その基本となるのは営業店、本部における役職員の日々の取り組みだと明言しました。各人がお客様とやりとりをして、その結果としてお客様から信頼を得ることができる。この一連の流れによって絆はつくり上げられると訴えました。そして全員がコミュニティ・バンクの原点に立ち返り、地域社会との絆づくりを進めると宣言しました。[11]

――「雨の日により多くの傘を差し出せる」、そんな金融機関を目指す

2008年、増田氏が理事長に就任します。その3カ月後にリーマンショックが発生し、再び世界中が金融不安の波にのまれはじめます。しかし、京都信用金庫内部では、そこまでの大きな動揺はありませんでした。

前年に明言した「京信・絆づくり5カ年計画」は中小企業と痛みを分かち合う方針であり、淡々とその方針を守りできることをやっていくことが最善の道であるというトップメッセージが早々に出されました。トップが5カ年計画の実行を明確に宣言したこと、何より度重なる環境の悪化を乗りこえてきた経験が、職員たちを強くしていました。

増田氏は絆づくりとは何かという問いに対して、「雨降りの日により多くの傘を貸す金

融機関」と、支店長会議で断言します。雨降りという困難な場面に直面しているお客様に対して、多くの選択肢を提供できることが、その神髄だと。多くの傘を差し出すためには、普段からお客様と相互理解をして、絆づくりをし、相互扶助をすることが不可欠です。この方針でビジネスを行うという強い決意が示されました。その指針にそって行動するための評価基準も、同時に定めました。

先代の桒田氏が絆を構成する最も大きな要素を「信頼」としたことに加えて、増田氏は信頼を獲得するには、「多くの選択肢を示す」こととし、こちらが取るべき行動を具体的に示したのです。雨の日に傘を差

図表2-1　絆づくり５カ年計画の骨子

「京信・絆づくり５カ年計画」の基本骨子

(1) コミュニティ・バンクとしての基本理念の明確化
(2) 創立 85 周年記念事業の実施（平成 20 年度）
(3) 接客体制の整備（新営業店ワークフロー導入——平成 22 年度）
(4) 事業者の皆様に対する付加価値の高い金融サービスの提供
(5) 顧客満足度と利便性向上に向けたサービス力の強化
(6)「金融のプロ」を育成する人事制度の導入
(7) リスクを考慮した新営業店収益評価システムの導入
(8) 統合的リスク管理に基づくリスク・コントロールの強化
(9) 内部統制環境の整備
(10) コミュニティ・バンクらしい地域貢献活動の実践
(11) ガバナンス強化に向けた総代会の活性化

「2008年／京都信用金庫の現況」より引用

し出すのは簡単です。しかし、傘は貸しただけではなく返却してもらうことが必要です。事業性融資をしても、それが返済されないと不良債権となります。単に傘を貸すだけでなく、お客様が雨の日を乗り切り、晴れの日に羽ばたける可能性を十分に吟味する技術が不可欠です。当然のことながら、傘を貸す人と貸さない人を見分けることが必要になるのです。

その吟味をするためには、将来をどのように見通すのか。融資を受けるお客様をどのように評価し、事業をどのように判断するのか、担当者の手腕が問われます。この一連のプロセスをやり遂げるには、普段からお客様と対話をし、信頼関係をつくり、お客様に関する多くの情報を独自に得ている必要があります。

たとえば、取引先が製造業であれば、その企業の社長の考え方、社員の考え方や知識、技術、将来のビジョン、工場の立地の決め方がどうなっているのか。ファミリービジネスであったら後継者はいるのか、ファミリーの中ではどういう位置づけのビジネスで、社長はどういう立ち位置なのか、すべてを明快に理解することが求められます。京都信用金庫の看板で仕事をするというよりも、個人のコミュニケーション能力や分析力、知識の向上が、より一層不可欠になります。

地域の血液を回すためには、地域に産業が集積する必要があります。既存企業以外にも、新しく起業するスタートアップの事業者の存在は不可欠です。従来型の金融機関は、担保を取ることがむずかしい事業者に融資をすることを嫌がりました。これらの企業のほとんどが差し出す担保がないわけですから、積極的に融資はしませんでした。

当時の金融界の傾向として、バブル崩壊、リーマンショックを経て不良債権をつくることへの過剰なまでの嫌悪感が蔓延していました。しかし、そんな中、京都信用金庫では「創業支援融資」を融資の柱の一つに据えました。創業は事業リスクが高いため、より一層相手のことを知ること、判断をすることが求められます。そして、地域社会の発展に創業は極めて重要です。地域に雇用が生まれ、消費が増え、活気が生まれるからです。

5 ビジネスマッチング掲示板がつないだ新たな関係

社内も「京信・絆づくり5カ年計画」の実現に向かって走り出します。増田理事長は、就任の翌年から社内イントラネットでブログをはじめ、自分がやりたいことやその思い、支店の成功事例などを発信し続けました。ブログの記事は双方向で、店舗長が自由にコメントをつけることができました。理事長ブログを読むことで、どこに向かっているのかを職員たちが徐々に自分ごととして理解するようになっていきました。

社内の構造改革も進みます。支店内で今まで別の組織として機能していた内勤と外勤の垣根が、ＩＴ化によってなくなりました。内勤の職員は支店に来たお客様の情報をワークフロー端末で入力します。そして、外勤の企業金融の職員は、１人１台の情報端末を持っており、「全店で顧客情報が共有できる」ようになりました。

２００４年に社内イントラネットに設置された、「ビジネスマッチング掲示板」は、職員の行動に変化をもたらしました。自分のお客様が困っていること、探している技術などを書き込むと、それを見た別の支店の職員が自分のお客様とつなげようと、さまざまな情報を書き込みます。

この一連の流れで京都信用金庫のお客様同士のネットワークが結ばれたのはもちろん、社内でも見知らぬ仲間との会話や対話をする機会が多くなりました。否が応でも社内でコミュニケーションをとらなくてはいけない環境になっていきました。

京都信用金庫の中でビジネスマッチングは、大きな柱となっていきます。職員にとっては、掲示板を通じて集合知を得ることができます。そして同時に、自分の知恵やスキルやネットワークを全体のために役立たせる機会となりました。お客様にとっては、自分だけでは考えつかなかったアイデア、商材、材料、売り手、買い手などの情報を京都信用金庫が媒介者となって新しく得ることができる利点がありました。

２００９年に「ナイスマッチング賞」が創設され、つなげることで発生するドラマに対して、毎月1件ないし2件が表彰されることになりました。その結果、ますますマッチングに対して理解や興味が進み、情報を共有して知恵を出し、お客様のために何かできることをしようという社内ムードに変化していきました。

ところが、２０１０年に再び激震が走ります。優秀な営業成績を収めていた中堅職員の資金流用事件が起きたのです。事件の経緯を入念に調査した結果、二つのことがわかりました。一つめは、その職員は店舗のトップセールスを目指していたので、同僚をライバルとみなす思いから生じる孤独です。二つめは、営業成績至上主義に端を発した他人行儀な風土が、いまだ残っているという実態でした。

大きな組織はすぐには変わらない。お客様に寄り添うと言いながら、その張本人の自分たちが組織内から孤独な犯罪者を出してしまった。職員はみんな憂うるばかりでした。そして、この種の事件が起きないように、社内を変えるための長い試行錯誤がはじまりました。

2011年、新店舗の門真《かどま》支店（大阪府）を開設するに当たり、実験的な試みがされました。ノルマを廃止したのです。このときのことを増田氏は、こう語ります。

「門真支店はビルの中の店舗です。そういう意味では、初期投資は（土地を買って店舗を建設するよりも）小さい。門真支店では、営業目標を一切言わないという方針を立てました。『君たちもお客様に対して、口座を開いてくださいとか、お金を借りてくださいとかは、一切言ってはいけない』と厳命しました。

職員は、それに対して『お客様に何を言うのですか』と聞いてきた。そこで、私たちは絆づくりを言っているだろう。あなたの会社の課題解決のために努力させてください。何か困っていることはありませんか。そう言いなさい、と。

『それでいいのですか。口座も増えませんよ。預金残高も増えませんよ』。当時の支店長は、このようなことを言いました。かまわない。新しい形の金融をつくりたい。新しい形の店舗をつくりたい。従来のルールではない経営者と絆が強くなる営業をやろう。お客様とのリレーションシップを強化するということだけに、まずは集中せよ。

そういって門真支店をつくったのです」

当時の若手メンバーは、こう述べています。

「門真市では京都信用金庫の名前は、まったく知られていませんでした。後から参入した金融機関として、既存のやり方ではダメだと思い、金融の話をせずにお客様の事業の話（本業支援）をしていました。お客様の仕事の話を聞き、強みや課題を知り、その解決のための提案をすることや、他企業との引き合わせをやっていました。お客様のネットワークを広げることを一生懸命やっていたのです。

最初の頃は逆風で、『今さら金融機関が出てくるな、帰れ』と結構言われて、毎日頭を抱えていました。どうすればいいのか。どうやったら自分たちをわかってもらえるのか。毎日、店内で話し合っていました。あるときに、スーツ姿が上から目線に思われるのではないか。お客様と同じ作業着を着て工場の作業を手伝う勢いでやろう、という話になりました。

理事長に相談すると、『おもしろい。やろう』となって作業着で営業するスタイルに変わったのです。お客様からはどこかの取引先にも見えて、『何や金融機関がおもろい恰好してるな』というところから会話がはじまっていき、『事業の話も聞いていけ』と言われるようになりました。

それでも、定期預金のお願いなどは一切やらなかったので、注目を集めるようになりました。もともとパナソニックの企業城下町ですから、お客様同士の横のつながりが強い土地柄でした。

職員が作業着で仕事をする変わった金融機関があるという噂が、段々と広がっていきました。この時期から本当にお客様の会社、業界、地域を勉強するようになりました。お客様に何が必要か。こういう情報を差し上げたら喜ばれるのではないか。そして、1年ほど過ぎた頃、ビジネスマッチングを突破口に融資がはじまりました」

営業ノルマを課さない門真支店の業績を分析したところ、一つひとつの案件の利幅が大きく、不良債権の比率が極端に低いことが判明しました。無理な預金や金融商品のお願いをお客様にしなくてよいので、見返りの金利のダンピングなどをしなくてよい。対等な関係で営業ができ、お客様を知り抜いた中で商売をし、お互いにとって幸福な関係を構築していることが、大きな要因でした。

──ネットワークは「知識」「知恵」を手にする貴重なチケット

門真支店の経験から京都信用金庫はお客様とのネットワークとリレーションシップの強化、つまり、お客様と、とことんつきあい、話を聞き、対話をし、その課題解決をする姿勢をより強化していきます。

今まで営業の数字を重視し、好成績の職員を表彰するしくみはありましたが、これに加えて、お客様との良い関係を築いた者を表彰することになりました。営業成績は定量的に評価されますが、その関係は定性的に事例（ストーリー）で評価しました。

２００９年10月から「ナイスマッチング賞」と銘打って、毎月、お客様との間に生まれたマッチングに関わるエピソードの中で、絆づくりのヒントになると思われるものを選考委員会が選出する取り組みをはじめていました。

たとえば、R支店の取引先の酒造メーカーでは、梅酒をつくる際に発生する梅の実を廃棄物としていました。もったいない、これを何とかしたい。R支店からはイントラネットの「ビジネスマッチング掲示板」に、そんな書き込みがありました。

これを見た別の支店の支店長が、自分の取引先の和菓子メーカーのことを思い出します。同社を訪問した際に、梅酒が樽に入れられて片隅に置かれていた光景が頭の中に浮かび上がります。早速、訪問して尋ねると、和菓子メーカーは梅ゼリーをつくるために梅の実だけを取り、梅酒を廃棄していることがわかりました。

早速、この2社をつなげ、酒造メーカーの廃棄予定の梅の実を和菓子メーカーが利用することで新しい製品が生まれ、新たな商流ができました。この種のナイスマッチングの事例が本支店からたくさんあがり、その中から「ナイスマッチング賞」が選ばれ、毎月表彰されるようになったのです。

職員たちは、マッチングが新しい商売の種になることについて、イントラネットを通じて目の当たりにしました。そして、職場の仲間の小さな成功体験（お客様が喜んでいる写真や書き込み）をネット上で読むようになります。小さなできごとから大きなできごとまで書き込み、それを読む中で、みんながアイデアを出す。ネットワーク集合知を社内で利用できるしくみが確立していきました。

先が見えず、あいまいに変化する時代の中で、ネットワークは重要な武器です。集合知を活用することができるからです。集合知は文字通り、たくさんの人の知性が集まった状態のことです。レオナルド・ダ・ヴィンチ並の天才だったら、1人の知性でどんな事態でも対応が可能かもしれません。しかし、神に愛された大天才以外は、多くの人が知恵を出し合うことで、事態に対してたくさんの解釈が可能になり、そしておそらく最も理にかなった対応をすることができるでしょう。集合知をもたらすのは、人と人とのつながりです。即ちネットワークです。

人は生きていく中で、たくさんのネットワークに属しています。ネットワークの多くは同じ時間か空間を過ごすプロセスの中で生まれます。自分で経験して獲得したネットワークもあれば、生まれた場所や家族など自分のコントロールができない部分でつくられたネットワークもあるでしょう。

その中にはアクティブなものもあるでしょうし、まったく停止しているものもあるでしょう。時間は経過しているけれども、刺激をすれば、すぐにアクティブになるものもある。ところが、おもしろいことにネットワークの有用性は理解していても、ネットワークとネットワークをつなげる行動、つまり、架橋行動について日本企業は大きな関心を払ってきませんでした。

日本的経営、特に仕事のやり方は欧米企業の仕事のやり方と比較すると、分業の境界があいまいで、組織の間の境界もあいまいであることが特徴であるとされてきました（岩田、1984）。いわゆる欧米型の企業は縦割りのしくみを持ちます。同じ企業でも隣の部署は別会社と一緒ですし、必要以外の部署を挙げての交流はありません。そして、個人の仕事は職務記述書によって、明確に規定されています。

日本企業は長期雇用のもとで同期入社のネットワークや、さまざまなネットワークがつながり、部署における仕事の境界はあいまいです。私たちはそれを許容し、その中で情報を共有し、仕事を積み上げてきました。さらに言えば、社内組織のあいまいさはそのままにして、社外との関わりにおいて、内と外の区別をはっきりつけたがるという行動をとってきました。

そして社内を重視することが好まれました。内向きと言われる姿勢です。社内のイベントよりも、社外の、それも仕事と関係がないイベントやつながりを重視する人に対する眼差しは冷ややかでした。架橋行動の優先順位の中で、社外でのネットワークを構築することとは、社内でのネットワークを構築することよりも、優先順位が低いとされる傾向があったのです。この内向きの姿勢は、潮目の変わる時代においては、はなはだ不利です。

ビジネスの現場では、「何を知っているかではなく、誰を知っているかが重要だ」と言われています。ネットワークは1人では到達できなかった知識や知恵に到達するチケットにもなります。それゆえビジネスパーソンにとっては、多様な業種に属する人からなる幅広い人的ネットワークを持つことは、競争優位になるとされてきました（Alexander, 2003; 安田2004; Uzzi and Dunlap, 2005）。

企業にとって有効で有用なネットワークを持った社員が多くいることは、非常に大きな非金銭的資産です。潮目が変わっている時代、不安定に世の中が推移する時代においては、多くのことを変化させなくては立ちゆかなくなります。社内の人だけでは到達できなかった新しい考えにたどり着く端緒を持つことになるかもしれないし、商談でショートカットして、意思決定者に直接会えるルートを持つかもしれないからです。

6 金融業である前に「地域社会の一員」としての役割

京都信用金庫は、早くにネットワークの重要性に気がつき経営に取り入れた企業です。職員一人ひとりがネットワークをつくることで、京都信用金庫としてのネットワークが広がる。加えて自らも〝ＱＵＥＳＴＩＯＮ〟や支店にコミュニティ・スペースをつくり、地域の人びとの集いの場所を提供する。ネットワークがつながる場所をつくり、ネットワークをつなぐ循環系を地域に生み出し、その内部に人びとの知恵やさまざまな種類の情報を回そうとしています。循環系ができあがると、そこには多様な情報や知恵が人びとの手で常にアップデートされるしくみができあがることになります。

ここで、もう一つの補助線であるコミュニティに目を向けてみます。そもそも信用金庫ですからその商圏は限られています。地域コミュニティと寄り添い、新しいネットワークを育むことが存在意義といってもよい。このコミュニティは物理的な範囲が限られています。一歩踏み出せば、対面で会うことが可能なネットワークです。生活圏が重なることが多いので、頻繁に接触できる可能性も高い。実際に会って五感を通じて相手からの情報を手に入れることができる。そして、望めば比較的早く対応に対して相手からフィードバックを受けることができます。地域においては物事がより身近に、より自分ごととして対応ができるという、特徴があります。

ネットワークをつくることは、相手とつながることです。しかし、そのつながりも「単に知っている」関係から、「心の友と思う」関係など、その内容はさまざまです。すべてのネットワークが強いつながりを持っているわけではありませんし、その必要もありません。

つながりの強さや弱さは、「つきあっている期間の長さ」「感情的な結びつきの強さ」「親密性や相互信頼度合いの高さ」「互恵的なサービスの量」の四つの要素が複合的に絡み合って決まるとされています（Granovetter, 1973）。

ここが、つながりのむずかしいところです。つきあっている期間が長くても、強いつながりとは限らない。四つの要素において、すべてが最高度の強さを持つネットワークは極めて稀でしょう。

つきあいが短くても感情的な結びつきが強ければ、強いつながりになることもあります。また、互恵的なサービスの量が大きくても、相互信頼度合いが低ければ、弱いつながりになることもあります。つきあっている期間が短くても、感情的な結びつきが強ければ唯一無二の関係になるかもしれません。

これらの要素がどのように按分されると紐帯の強弱に影響するのかは、個人の指向性や性格に大きく依存するのです。付け加えるならば、地域コミュニティの場合は、対面で会うことが可能なので、感情的な結びつきが非対面の場合よりは強くなる傾向があると考えられます。

これらをすべて勘案して、ネットワークを構築すべきだという話ではありません。ただ、バランスを考えるときに、これらの視点から思い返すのは悪いことではありません。

ネットワークについて、人が行動できることは大きく分けて五つです。

- ネットワークをつくること。
- ネットワークをつなぐこと。
- ネットワークを維持すること
- ネットワークを放置しておくこと。
- ネットワークを切断すること。

ネットワークを切断することは、大事がないと発生しません。ネットワークを放置しておくという選択をするのが通常です。人間同士のネットワークをつなげるとやりとりが生まれます。やりとりが生まれると、感情も同時にやりとりされ、そこに相手への評価か、信頼が生まれるのが普通です。そしてネットワークを維持するために、時々アクセスすることも必要でしょう。

京都信用金庫の例で考えてみましょう。リーマンショック後、苦境に陥った融資先の新しく担当になった職員が次のように、ある企業での経験を語りました。

「安易な貸し増しではなくて『御社の未来のために抜本的な事業改善を一緒に考えさせてください！』と、社長と経理担当の奥さんに訴えても、『金さえ貸してくれればええねん』と言われ、『ダメなら他に頼むわ』の繰り返しでした。何度も何度も通っても心を開いてくれない。常に環境変化の言い訳だけを言う。痛む胃を抱えながら黒字化への再建案を考えて懸命に投げかける。その繰り返しでした。

半年ぐらいして、とうとう『これはあなたの会社ですよね、本気で考えていますか？』と気持ちをぶつけました。私はあまり感情を出さないほうなのですが、そのときは我慢できなくて。その後、ようやく社長の意識が少しずつですが変化してきて、質問や自分の考えを言ってくれるようになりました」

ネットワークがつくられる際に、多くのやりとりがなされ、その中で相手に対する信頼が構築されてお互いが強くつながっていく様子がわかります。相手とつながるときに、人は多くの自分なりのチェックポイントを持って他人を評価しています。

その根底にあるのは、「この人とつきあって自分（とその周囲）が害を受けることはないか」という問いです。相手の振る舞いや言動を見て、自分なりのチェックポイントに照らし合わせて、相手を評価してネットワークをつないで良いのか考え、行動します。

この職員は会う回数を重ねる中で、自分の考えを示し、相手の企業のことを思う気持ちを言葉と態度で表しました。また、訪問の際に毎回新しい情報を手に入れて、再建案プランを常にアップデートして提示していました。自分の持っている情報を多く開示する態度、つまり、自己開示をし続けることで社長は少しずつ、職員を受け入れ、心を開いて自分の気持ちを語ってくれたのです。

この一連のプロセスを「自己開示の返報性」と呼びます。返報性はお返しです。相手が出してきた情報を吟味し、相手がどう自分のことを思っているのか、相手の思いに応えられるのかを考えます。ネットワークがつくられるときにほとんどの場合、返報性が生じます。人間は元来、社会生活を営むにあたって、互恵規範を持つ（Gouldenr, 1960）ので、相手の好意に対して、お返しをしたくなるのです。ネットワークをつくることで重要なのは、相互にやりとりがなされ、ウィン・ウィンになる関係になる点です。そのためには、自己開示が不可欠です。

自己開示をしながら相手と話をし、お互いの情報量が高まることによって、つながりという側面からすれば「感情的な結びつき」が強くなり、「親密性や相互の信頼度合い」が高くなります。加えて、「互恵的なサービスの量」が増えることにつながるのだと考えられます。

――次々と「化学反応」が起きた京都信用金庫

ここで、京都信用金庫のネットワークの考え方と取り組みについて、整理してみました。

信頼されているからこそ、つながるネットワーク

京都信用金庫のビジネスマッチングのしくみは、「京都信用金庫を通じてお客様のネットワーク」を拡げる取り組みです。多くの企業はビジネスマッチングのしくみをコンピューターネットワーク上で持っています。ですから、ビジネスマッチングというしくみそのものは、新しいものではありません。

しかし、京都信用金庫の場合は、ＡＩが自動的にある条件にそってデータを処理するだけではありません。「ビジネスマッチング掲示板」に書かれた内容を読んだ京都信用金庫のメンバーが、「自分がどのようにお役に立てるか」を考え、自分の持つネットワークを頭の中で振り返り、その要望にマッチするものを探し出し、その相手に連絡をするという一連のアクションをともなっています。

ここには、書き手と読み手の少なくとも2人以上の職員が頭の中で条件を咀嚼し、自分の取引先と相性が良いのか、そのシミュレーションをするという人によるプロセスが入ります。そして京都信用金庫が持っている「集合知」を通じて、未知のネットワークに対して橋が架けられることになります。

具体的に見てみましょう。

滋賀にある支店のお客様Aさん（A社）が新たな仕入れ先を探しています。そのことを知った京都信用金庫の担当であるCさんは、「ビジネスマッチング掲示板」に、必要なスペックや必要な内容をくわしく書き込みます。それを読んだ大阪にある支店の担当Dさんは、すぐに自分の訪問しているお客様Bさん（B社）のことを思い浮かべます。

Dさんは Bさんの会社には定期的に訪ねていますが、まだ大きな取引はありません。新

図表2-2　ビジネスマッチングのしくみ

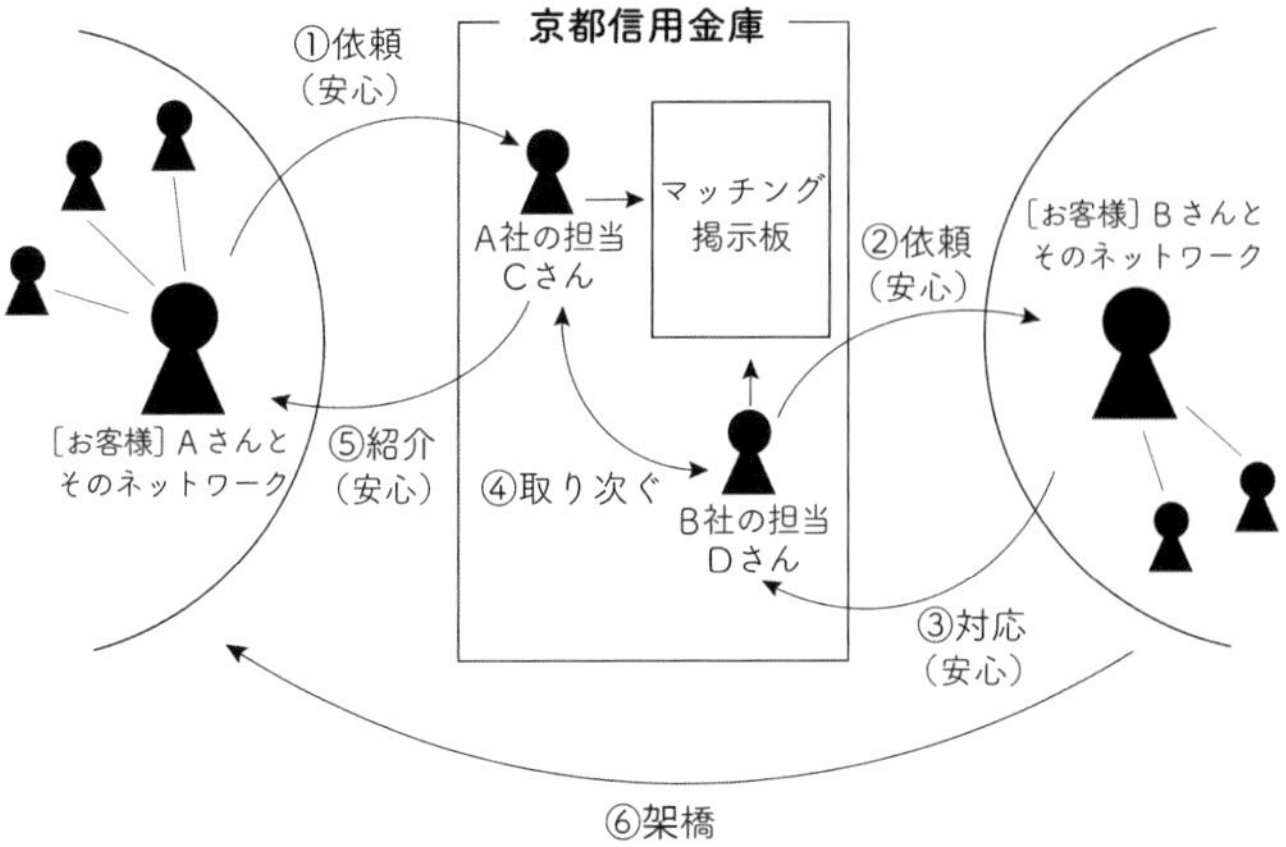

しい話としてAさんの案件のことを伝えると、Bさんも興味を持ち、京都信用金庫に仲介を依頼し、その流れの中で一度会うことになりました。AさんとBさんのネットワークに、橋が架かることになります。

会うまでのプロセスの間に、お客様であるAさんは、CさんからBさんのバックラウンドや経営状況などの説明を受けるはずです。A社担当のCさんは、B社担当のDさんと連絡をとってお互いに相手の情報を交換し、取引をして良い相手なのか金庫で再度検討し、見極めるでしょう。

特に、Bさんは現状では口座があるだけで、大きな取引を京都信用金庫としている相手ではありません。そのため、より慎重に吟味がなされるはずです。つまり、ビジネスマッチングでは、京都信用金庫が仲介者として相手に対する信頼の担保となる役割を担っていることになります。京都信用金庫のお客様の窓口である担当がお客様の代理であるという考えのもと、案件の見極めを行っているのです。

一般に、あいまいな環境での取引では、その不確実性を低下させるために、相手と信頼されるような関係をつくることが求められます（山岸，1998）。海のものとも、山のものとも、わからない相手と商売をするのはリスクが高い。そのリスクを軽減するために、お互いのことを知ろうとするわけです。

京都信用金庫のCさんとお客様Aさん、京都信用金庫のDさんとお客様Bさんとの相互信頼関係、感情的な結びつきの強さ、つきあっている期間の長さなどから構成された、それぞれのつながりの強さがあります。そのつながりの強度が、未知の取引先へ抱く心理的リスクの軽減に影響します。そのうえで、相手との関係を考えるわけです。

加えて、京都信用金庫が両者の間に立ち、ある程度の取捨選択をしているので、その分の不確実性が低減されることになります。

俯瞰しながら「つなげる力」と「言語化する能力」

もちろん、ビジネスマッチングのしくみは、万能ではありません。マッチング掲示板に出せば、必ず上手くいくわけではありません。先に出した例は、お互いの求めるスペックが明らかでした。しかし、必ずしも必要なものの詳細が明確な案件ばかりではありません。何が必要なのか、何を手にしたいと望んでいるのかについて、お客様から聞き取る能力と、客観的にお客様の現状を分析する能力が求められます。

そのうえで、掲示板に書かれている内容を自分なりに整理して、必要とする相手に伝えることが必要になります。掲示板に掲載されたあとに応募してきた相手が、適合か否かという判断の補助もしなくてはいけません。相手の状況と、こちらの状況を見極めることが求められます。

これらの一連の行為には、個人差が大きく表れます。漠然としていて要領を得ない文章が書かれた「ビジネスマッチング掲示板」の背景情報を読んで、何が必要なのかを明確に理解できるか否かは、読み手の能力に依存します（もちろん、書き手の文章化する能力にも大きく関係します）。

この種の能力、特に選ぶことと、つなげる能力は古くから「目利き」という言葉でビジネスの重要な能力とされてきました。目利きとは、目の前のものを吟味し、期待通りの結果を実現することができる人を指します。

違うもの、企業、人をつなげることによって、そこに化学反応が生まれ、新しい展開がはじまる。化学反応の発生確率を高める作用をするのが、目利きの能力でした。この能力は自ら勉強をして幅広い知識を獲得することが不可欠です。多種多様なネットワークを経験し、多彩な人と会い、幅広い経験をすることによって磨かれていきます。

掲示板があれば、そこで商売が生まれるのではありません。上手く機能させるためには使用する人間の能力を高めることも同時にやらないと、形骸化するのは時間の問題です。そして言うまでもありませんが、大事なのは目利きをしたあとに、どのようにビジネスを成立させるかという臨機応変な行動であり、お客様との密接なやりとりなのです。

情報は深く考える人に集まる

「情報は人につく」という特性があります。目利きを行うためには情報を集め、吟味し、仮説を持って事態を分析することが不可欠です。有意義な情報は、その場に転がっているのではなく、人が取りにいって手に入るものだからです。

その人の性格や聞き出す技術や仮説を生み出す思考力によって、同じ環境にあったとしても獲得できる情報量には大きな差があります。「あなただから教えてあげる」という種類の情報は、相手との間に一定の信頼関係があるからこそで、そこまで関係を深めることが必要なのです。

有意義な情報を得るには、単に情報が向こうから入ってくるのを待つのではなく、自分から取りにいく必要があります。そのため何もしないとネットワークは、図表2－2にある③が放置され、⑥が絶たれることになります。

情報という視点からネットワークを見る

ネットワークという視点から考えると、情報を獲得するための行為には、二つのやり方があります。一つは、自分の持つネットワークを回避し、そこから深く話を聞くこと。もう一つは、既存のネットワーク以外の新しいネットワークに架橋して入り込むことです。

同じネットワークの中で得る情報はあまり大きな差異はありません。似た情報を共有していることが多いからです。嗜好の似ている人や所属の類似性が高い人は、そもそもネットワークでつながりやすい。個人が取得する情報も、情報源が似たようなところである確率が高いので、似てくるのです。

違うネットワークに架橋して手に入る情報は、ものの見方や考え方が違う場合が多いので、同じ情報であっても新たな解釈や視点、まったく違う局面を見せてくれる確率が高いのです。ただ、これにもネットワークのメンバーと、その参入の方法によるネットワークの性質と、もちろん本人の聞き取る力が大きく影響します。

「結束型ネットワーク」と「橋渡し型ネットワーク」

一般にメンバーが固定されていて、新規に参入するのがむずかしい閉鎖的なネットワークを「結束型ネットワーク」と呼びます。反対に、ネットワークのメンバーの出入りがわりあい自由なネットワークを「橋渡し型ネットワーク」と呼びます。どちらが良いのかについては、一長一短があります。

結束型ネットワークが閉鎖的になるのは、似た者集団であることが多いからです（Putnam, 2000）。人間は国籍や人種、趣味、経歴、職種、出身地や居住地など、自分と似たところがある人との交流を好む傾向があります。そのためネットワーク構成メンバーも同質的になる傾向を強く持ちます。

実際、社会を見渡してみると、企業や職業を通して生まれるネットワークは、閉鎖的な場合が多い。もともとビジネスパーソンの多くが社外に目を向ける時間的余裕を持たないことに加えて、仕事や自分の昇進に直結している社内ネットワークでは、関係者以外の参加が好まれない傾向があるからです。

閉鎖的ネットワークには、大きな利点があります。メンバー同士が相互に連結されていて、非常につながりが強いうえに、ネットワーク内では、他者の目を気にする必要がありません。ですから「仲間内の話」「ここだけの話」を情報として共有することにも難がありません。そしてお互いに刺激しあい、切磋琢磨し、お互いを助け合う関係になる（Coleman, 1988)。規模が小さく密接な関係であるがゆえに、暗黙知の共有がしやすいのです。

一方、橋渡し型ネットワークは、多様性が高く異質性を許容します。来る者を拒まずなのでネットワークの規模が相対的に大きくなります。開放的で横断的ですが、つながる力の強さでは結束型ネットワークにはかないません。自分の居場所とするには、メンバーが多すぎるからかもしれません。

異質な人が集まるために、情報のバラエティは幅広く、それぞれのコンピテンシー（能力や適性のこと）が発揮できたときに非常に強い力を発揮し、急進的なイノベーションが起こりやすいネットワークであるとされています（Burt, 2004）。

どちらのネットワークが優れているということではありません。一長一短があります。ビジネスパーソンにとっては、さまざまな種類のネットワークを持つことで、お互いを補完する関係になるのが最も重要でしょう。ネットワークは固定的ではありませんし、多くの場合、少しずつメンバーが入れ替わるものです（もちろん、入るのが非常にむずかしく、新人がほとんどいない古くからの商業組合や秘密結社は別ですが）。

自らのネットワークを俯瞰し、ポートフォリオとして考えることは、これからのビジネスパーソンにとって必要な行動でしょう。

7 地域ネットワークから「ビジネスの水源」を見つける

繰り返しますが、京都信用金庫はコミュニティ・バンクです。地域という区切られた範囲の中で中小企業の支援をすることが、ビジネスの根本です。それゆえに、よそから来た同業他社よりは、深く地域のネットワークに入ることができます。

京都商工会議所は、京都という地域の特性[12]として「京都には都の歴史から来る都市の開放性と、都の品格や誇りから来る閉鎖性の両者が、緩やかに併存している」と述べています。加えて京都の企業の行動特性は、「新事業に進出するうえでは、まったく新しい領域創造を目指し、既存市場への競合参入を好まない」としています。

「地理的にも人間関係的にも狭い（お互いの顔が見える）京都の中では、同一市場で競合することに対して消極的であり、コミュニティの和を重んじる価値意識を持つ」ことが、その理由です。

他社がすでに力を振るっている市場に参入して戦い、相手に打撃を与えると、コミュニティの中での評判が悪くなる。長い目で見ると、自社に跳ね返って不具合になることを嫌うのです。

もともと中小企業の活動範囲は、地縁を中心につくられることが大半です。地場の中小企業は、結束型ネットワークとしての傾向が強いと考えられます。ですから、先人がいない、まったく新しいビジネスで市場を切り拓く企業が歓迎されて排除されない。地域としては既存企業の商圏を守りながらイノベーションの発生も同時に求めている、というのが本音と言えるでしょう。

このように「保守的だけれども、イノベーションを求める」という二律背反した行動を満たすことが、京都信用金庫に期待されるわけです。数多くある結束型ネットワークに橋渡しをして、新たなネットワークをつくる。または、まったく新しいネットワークを京都につくる。いずれにせよ、仲介者としてネットワークをつなぎ、知恵と技術を得て商売を成立させる役割を担うことが必要で、京都信用金庫はこれができる要素を持った数少ない企業なのです。

ネットワークの仲介者として

Burt（1992）は、イノベーションを起こすような新しい有益な情報を入手するために、ネットワークの構造的な空隙《くうげき》を埋めることが重要だと指摘しています。人はたくさんのネットワークを持っています。そのネットワークは他人と重なっている部分もあるし、そうでない部分もある。これを仲介することによって、ネットワークはより活性化されます。

京都市内の戦前からある餅屋の社長Eさん（35歳）を考えてみましょう。Eさんのネットワークは親から受け継いだ仕事のネットワーク（取引先、仕入れ先、そのほか細かく分かれるのでしょうが、ここでは大まかに括る）、近所のネットワーク、近所の公立小学校、私立の中学校や高校、地元の大学のネットワーク、趣味であるゴルフのゴルフ場ネットワーク、子どものサッカーのネットワークなど、さまざまなものがあります。

次に、京都の店と取引したいと思っている新進気鋭の大阪在住のウェブマーケティング会社の社長Fさんを考えてみましょう。同じようにFさんにも自分のネットワークがあります。Fさんは、親の仕事の関係で中学から大学までニューヨークで育っています。

この2人には、まったく接点がありません。学校も違うし、趣味も違う。ネットワークを図式化したときに、ネットワークの間に生まれる隙間のことを、構造的空隙と呼びます。それぞれのネットワークは分散しているので、流れている情報も違うのです。EさんとFさんのネットワークには、大きな構造的空隙が存在します。

Fさんの無二の親友は、4代目の国会議員です。Fさんは現在、その親友の仕事をしている関係で、ディープな政権の情報を知っています。しかし、その話をFさんは自分の親しいネットワークにしか流しません。一方、Eさんは、地元の若手経営者の会の世話役をやっていて、「どこかにセンスの良いウェブアナリストはいないですか。地元では探したんですけれど、いないんですよね」という相談を何件か受けていて、自身も同じことを思っているかもしれません。

FさんとEさんのネットワークには、構造的空隙が存在しますから、この2人が出会うには仲介者が必要です。

構造的空隙を埋めて結合させる仲介者は（自分だけであった場合は特に）、離れたネットワーク同士を結びつけることによって、それぞれのネットワークから異なった情報を得て付加価値をつけ、新たなイノベーションを起こす火種となることができるとしています(Burt, 1992; Fleming,Mingo & Chen, 2007)。

ビジネスマッチングは、京都信用金庫が架橋をする仲介者としての機能を果たしています。両者間に入ることでお互いの信頼性を担保するので、安心度が高く、架橋の速度が上がることが考えられます。長期的には異なるネットワークがつながり、新しいビジネスが生まれ、そこから付随して別のビジネスが生まれるかもしれない。つまり、仲介者であることは、長期的には地域を活性化させることにつながるのです。

「スモールワールド」は、あらゆるところにある

社会をネットワークとして見ると、共通した現象がいくつも見られます。初めて会った取引先の人が何の縁もないと思っていたら、近しい人の関係者だった。この種の経験はビジネスパーソンであれば、誰でも経験したことがあると思います。

「世間は狭いですね！」と声をかけあう瞬間です。京都商工会議所が指摘しているように、ある程度、コミュニティが狭いところ（比較の問題で京都市は、147万人を有する大きな自治体。全国の市の中では福岡や神戸に続いて7位。京都府全体では、254万人を有し、都道府県13位）では頻繁に発生します。

まったく違うルートで重要な情報を知ってしまった、という類の経験を持つビジネスパーソンは多いことでしょう。たとえば、社内で隣の部署の部長は大学のサークルの大先輩でかわいがってもらっている。こんな関係の中で、本来は課長を通じて知ることを大学OBの飲み会で先に知ってしまった——。珍しい話ではありません。

このような現象は、社会が小さなネットワークの集合体でできていることを示します。ネットワークが持つ性質で、代表的なものの一つが「スモールワールド・ネットワーク」と呼ばれるものです。

社会がスモールワールドの集合なのを示すのが、「6次の隔たり」という概念です。平たく言えば、6人を介すると世界中の人と知り合いだという話です。アメリカの社会心理学者のスタンレー・ミルグラム（1967）の実験から導き出されました。この実験は、アメリカの離れたいくつかの場所からボストンに住むX氏に、手紙を届けるというものです。

被験者にはX氏の経歴や個人情報が伝えられ、参加者はX氏の情報を吟味したうえで、自分とファーストネームで呼び合う関係で、かつX氏を知っていそうな人に向けて、手紙を依頼します。何人の仲介者を通して、X氏に到達するかを実験しました。

平均すると6・2ステップ（6回程度の仲介）で、アメリカ中の至るところからX氏につながったのです。その後、インターネットを通じて多種多様な国と人びとによって追加実験がなされ、国籍人種、職業を超えた場合においても、平均到達ステップは7でした[13](Dodds, Muhamad & Watts, 2003)。

7ステップにせよ、6次の隔たりせよ、これらがあくまでも平均値であるというのは、忘れがちな視点です。つまり、中には2人で辿り着く人もいれば、10人以上を経由しないと到達しない人もいる。

いまだに個人的に強く印象に残っている経験があります。はるか昔、非常勤先の大学の学部新入生向けに講義をしたときのことです。その講義で当時の大統領だったクリントン氏に何ステップで到達するか、話し合いをしました。多くの学生が、最初にアメリカと関係がある知人や親戚の名前を挙げ、この人からアメリカの本社の人につないでいでもらって……などと想像を働かせて、議論が進んでいました。3ステップ以降になると、あいまいさが増し、見当がつかなくなるのが特徴でした。

その中で、1人の学生がおずおずと自分は二つめで到達すると発言しました。驚いて聞くと、彼女の父親は有名な政治家でした。家族というネットワーク内で1ステップ、次に父親が政治家ネットワークを使って到達。二つのネットワークを経由して、大統領とつながることができたのです。

多様なネットワークを持つと、必要な人に到達するためにステップが少なくなる確率が上昇します。もちろん、ショートカットを探して誰かにつながることが常に良いとは限りませんし、それを褒めたたえているのではありません。

一見、ムダに見えるとしても、多くの人と会い、多くの経験の中で到達するほうが、長い目で見ると、個人にとってより豊かなネットワークとなる可能性は大いにあります。しかし、その人の持つネットワーク次第で誰かに到達するステップの数に大きな差がつくというのも、また事実なのです。

――「つながる勇気」「ギブ・アンド・ギブ精神」「つながる場」を持つ

自分と異質なネットワークとつながるには何が必要なのでしょうか。

一つめに、つながろうとする勇気です。特に、結束型ネットワークは万人を歓迎するわけではないので、心理的に苦しい場面に遭遇するかもしれません。もちろん、よそ者を歓迎する開放的なネットワークも多く存在しますが、ネットワークは向こうからやってこないので、つながろうとする本人の意志と勇気は不可欠です。

二つめに、長い時間軸を持ったギブ・アンド・ギブの姿勢です。相手に何かを与え続けるという行為です。見返りを期待した行動は刹那的な印象を与え、警戒される傾向が強い。短い期間でギブ・アンド・テイクを全面に押し出すと、相手とつながったときに、自分も何かを提供しないと許されない、という不信感を与えることになります。

ビジネスでつくられるネットワークで、一瞬で信用し合い、相手と取引がはじまったなどという事象は、ほぼ発生しません。相手とつながりたいと思うのならば、先に相手から評価してもらうことが必要で、それにはある程度の時間がかかります。

高田（2008）は広範囲のビジネスパーソンへの聞き取りの調査から、その後も長くつながるネットワークが構築される際には、二つの要素があることを指摘しています。

①相手に対して時間的に長いギブ・アンド・テイクの軸を持ち、最初はギブ・アンド・ギブという状況にいることを気にしないこと。

②ともに苦労をした経験があり、相手も自分もお互いを助けるという自信があること。
先ほどネットワークの構築には、返報性があると述べました。相手のために働く、ギブをし続けるという長い時間の経過の中で、何らかの形でそれに対して返してくれる瞬間が発生し、やりとりが双方向になる可能性が高いのです。それは日本人の社会では、「人として助けてくれた人を傷つけるべきではない、恩返しすべき」という規範（互恵性）を強く持つことに起因します。ギブ・アンド・テイクの関係を相手に要求しないことが、新しくネットワークを構築するために必要な姿勢と言えます。

三つめに、つながる場です。これは双方向のやりとりができるのであれば、五感を活用して多くの情報を得るために、リアルに会うということです（本人に相手への判断力があればウェブ上でもかまいませんが）。情報量を多く手に入れるためには会うことは有効です。お互いのことを知り合う場があることは、ネットワークを広げることに大きく寄与します。

たとえば、学校という場で生まれたネットワークは、長く機能しています。これは人と会うという行動を通して、その人に関する情報を多く手に入れることができるからです。同じものを見て、同じことをする、という経験が親近感を高め、お互いが好意を持てる材料を手に入れることにもなるのです。

京都信用金庫のQUESTIONは、まさにネットワーク構築の場を提供している建物です。コワーキングスペース、キッチンなど、物理的な接触を多くすることによって京都信用金庫のみならず、利用する地域の人びとのネットワークが孵化する場にもなります。場を提供することで、そこで生まれるさまざまな化学反応を間近で見ることができる。直接、関わることができる。これらは自らの領域内に「創造のプラットホーム」を持っていることと、同義です。

一方で場はあくまでも場です。そのため、そこから何らかのビジネスの孵化につなげるには、お互いをつなぎ、支援し、さらに外部のネットワークとつなぐ機能を持つアクセラレーター（スタートアップ、起業家などを支援し、その事業で成長を促進する人材・団体・プログラムのこと）の存在が必要です。その立場に、京都信用金庫があることは間違いありません。

そして、京都信用金庫のいう「絆」は、お客様のことを多角的に理解することと同義です。できる限り多くの情報やアイデアを提供し続けることで、お客様と接触する回数が増え、お客様も京都信用金庫を理解し、京都信用金庫もお客様を理解する。

お互いが自己開示できる状況をつくるために、同じ空間で会い、話すこと。場合によっては、商売に関係のない何かを一緒に行うということは有効で、この一連のプロセスを通して、お客様の重層的な情報を得ることができます。お客様の行動や思考の傾向、経営状態を深く知ることができるのです。

相手も、自分が困ったときに京都信用金庫は本当に助けてくれるのかを把握したうえで、どの程度までなら自分の事情を公開して良いのか。京都信用金庫の担当者がどのような行動をとるのか、自分なりのチェックリストを使って確認し、見極める時間にもなります。

ただし注意しなくてはいけないのが、その結果が出るまでの時間を長くとることです。すぐに結果は出ません。ゆっくりと、楽しみながら関係が熟成していくのを待つ時間や、あいまいさに耐える時間が必要になることを理解し、受け入れて、待つことが求められます。

「つながろうとする勇気」「長い期間にわたるギブ・アンド・テイク」「本心でつながる場」を持つという軸を持ち続けることが、新たなネットワークの構築にとっても、ネットワークを仲介しようとする場合においても、不可欠な要素なのです。

3 ＣＤＩ編『コミュニティ・バンク論――地域社会との融合を求めて』京都信用金庫（１９７３）41Ｐ

4 ＣＤＩ編『コミュニティ・バンク論――地域社会との融合を求めて』京都信用金庫（１９７３）25Ｐ

5 国内基準では４％以上とされている。ただし、国際統一基準と国内基準とでは、自己資本比率の算出方法に違いがあり、両者の数値を単純に比較できない点には、留意する必要がある。

6 リレーションシップバンキングの本質は、貸し手と借り手の関係が長期的に継続する中で、外部から通常は入手しにくい借り手の信用情報が得られることにより、貸出にともなう貸し手、借り手双方のコストが軽減されることにあるとされることが多い（金融庁ＨＰ）。

7 辞書の日本語訳は、「網状組織、もしくは人と人とのつながり、特に情報を交換するグループ」である。

8 ネットワーク理論では人をノード（結節点）と表し、人と人とを結ぶつながりをリンクと呼ぶ。

9 「デジタル大辞林」より。

10 勝ち組・負け組は、２００６年度の新語・流行語大賞ノミネート語の一つ。

11 「平成20年度 入社式」の資料より。

12 京都商工会議所　知恵産業研究会報告書（平成21年）https://www.kyo.or.jp/chie/pdf/report_ver1.pdf

13 Dodds, P. S., Muhamad, R., & Watts, D.J. (2003). An experimental study ofsearch in global social networks. Science,

第3章

「集合知」が発揮できる起点となる

人の「自由なつながり」からビジネスの芽は育つ

1 新たな出会いに敏感になれる風土をつくる

ネットワークをつくったり、新しくつなげたりする際に重要なのは、長いギブ・アンド・テイクの軸だというお話をしました。それは取引をして良い相手なのか、その行動を相手が見極めるプロセスを経るからです。

反対に、ネットワークに入りたい、もしくはネットワークをつなげたいと思っている側からすると、自分が将来にわたって相手に誠意を持って対応することを信じてもらわなくてはいけません。相手や案件への自らのコミットメントを強化し、それを相手に共感してもらう必要があります。

つまり、個人がどのように自らのネットワーク構築力を磨くかという問題と、組織がどのようにネットワーク構築力の高い個人を組織内に多く育成、もしくは雇用できるかという課題、二つの視点から考えていくことが必要となります。

もちろん、個人がつくったネットワークの果実すべてを企業に帰属させましょう、という野暮なことを言いたいわけではありません。個人が仕事を通して手にしたネットワークをどのように自分の人生に役立たせようと、それは自由です。他方、企業からすれば、担当者が異動したとしても、継続的にお客様と良い関係を維持できることを考えなくてはいけない。社員によってつくられたお客様とのネットワークが維持され、年月を重ねるたびに多角的な側面からお互いを理解し、信頼が深まるような関係の構築が求められます。

そのためには、ネットワークをつくり、維持できる力を持った社員が、コンスタントにお客様の担当ができることです。常にネットワーク構築力の高い社員が多数企業内にいること、その種の社員を育成できるという状態を継続的に維持することが、企業の持続的な成長に大きくプラスになるのは間違いありません。

ネットワークの構築は、「人」と「人」でしかできません。これはコミュニケーションを豊かにすることと同義です。一つひとつのネットワークは、オーダーメイドなのです。ネットワークをつくれたとしても、そこに何らかのやりとりがないと、意味をなさない。さまざまな情報や関わる人たちの思いが集まってこそ、ネットワークとして機能するのです。ビジネスはネットワークの構築から離れることはできません。そして、それにはとても手間ひまがかかります。

特に、時代の潮目が変わっているなら、なおさらです。

だからと言って社員に「ネットワークをつくりなさい」と強制しても、「はい、そうですか」と、二つ返事で返ってくるものでもありません。むしろ逆効果なのではないでしょうか。企業として、社員のネットワーク構築と、その能力を高めるためには、2種類のことをしなくてはなりません。

・社員のネットワーク構築のために、「動きやすい環境」を整えること。
・社員の意識を変え、「スキルを上げるしくみ」をつくること。

一つめの「動きやすい環境を整える」は、社員がネットワーク構築をしやすい状況を組織がつくるということです。ネットワーク構築の行動をしたほうが、しなかったときよりも（それを行う個人にとって）、やり甲斐を感じる。あるいは、楽しい時間を過ごせる。そんな状況をつくることに他なりません。組織内でネットワーク構築していく行為が否定されないことがわかると、人は安心してその方向に進もうと考えます。社員が安心してネットワーク構築行動をできる器をつくることが重要です。

長い間、日本企業は社外のネットワーク構築に対して、積極的に応援するという立場をとりませんでした。そこで働く人たちが内向きであることが好まれてきた、という過去があるからでしょう。

しかし、これからの企業は、その手間を惜しむべきではないと考えています。経営の巧みさは、社員が意識せずにその方向に進んでいける道すじをつくることと同義です。社員が、「その方向に進んでみようか」と安心して決断できる社内のしくみと、しかけをどのように用意できるのか。そこに企業がエネルギーを注ぐことができるのか。この点こそ企業がお客様や社会から受け入れられるカギとなります。

もちろん、社員が誰かとつながったことを定量化して、それが何らかの報酬になるということも理屈上は考えられますが、その効果については未知数ですし、個人の思いを尊重することと矛盾する部分があります。「人のために役に立ちたい」「これができたらおもしろい」という社員の目的が、組織によって別の目的にすり替えられてしまえば、目指すゴールが違ってしまいます。

そして、二つめの「スキルを上げるしくみをつくる」ということについて、多くの経営者やマネージャーは、社内に制度をつくることだと、理解するかもしれません。確かに社員が働きやすくするため、よくできた制度は会社にとって不可欠です。しかし、ネットワーク構築を直接促進するような制度を社内でつくるのは、現実的にはむずかしい。
ネットワークは架橋されたあとに、どのようなやりとりが行われるかによって、その有用性は決まります。つくられた紐帯が太くなるか細くなるか、即ち相手とお互いに持つ信頼の度合いや、やりとりの深さの度合いに関係します。組織にとって大事なのはやりとりの中身がより充実し、相手と信頼関係を結ぶための環境を整えることです。「安心できる大きな器づくり」が組織にとってこそ重要なのです。

では、その準備として何ができるのか。それは、個人がコミュニケーションのスキルを上げることに他なりません。2006年の年頭所感で、粂田猛理事長は、次のように書いています。

「ますます多様化する地域の金融ニーズに素早くかつ的確に答えるべく、常にお客様の目線を意識し、気の利いた提案型営業と、きめ細やかなおもてなしの姿勢を大切にして、役職者全員で『新しい時代のコミュニティ・バンク』を実践していこう」

この姿勢は先代の理事長井上達也氏の苦難な時代から、自分たちの存在意義と使命を問い続けて絞り出した結論であり、「絆」という言葉で表現されました。京都信用金庫のいう絆の根幹は、「お互いが理解し、信頼関係にある」ことです。「絆」は信頼が構築されていくプロセスで、共感や協調という感情の行き来があり、新たな行動が生まれる、お互いを理解し、心のつながりがある状態を意味しています。それは社内でも社外のお客様でも同様で、より密接なコミュニケーションをとろうという意識が高まった状態です。

当たり前とされていることをきちんとやっていこう。そのうえで、お客様との関係をつくろうという多くの取り組みがなされました。

コミュニティ・バンクとして、より有効に機能するためには、職員がコミュニケーションを豊かにするべきだという考え方は、歴代の理事長たちが強く持っていました。「強い組織は人を育てる」は、榮田氏の口グセでした。「顧客とのコミュニケーションをより密にとり、顧客のニーズに応える」ためには、組織の既存の枠組みや部署を超えた対応が求められます。

組織のコミュニケーションが円滑でないと、部署を超えて何かをやることはむずかくなります。加えて職員が自分の頭で考え、行動し、協働を進める。お客様から得た情報をサービスに活かす。対話の中でチャンスをつかみ、ビジネスにつなげる。社内でも、お客様との間でもネットワークをつなげ、そのつながりを強くする。ともに高みを求めて切磋琢磨する。そのためには職員が学び、成長していくことを目指す。コミュニケーションと人材育成は、京都信用金庫が新しい時代のコミュニティ・バンクになるための最も重要な課題でした。

――「リレーションシップ・バンキング」「ワイガヤサロン」という取り組み

2009年から増田寿幸理事長は、理事長ブログをはじめます。そこから日々の雑感や思いをほぼ毎日、発信し続けます。何を考えていてどうなりたいと思っているのか。自分でとったスナップ写真とカジュアルな文章で語りかけ、部室店長もコメントを返しました。

そして、2010年からは「ワイガヤサロン」と称して全店および本部の各部室に理事長、専務、担当役員が夕方に訪問して職員、アソシエイト（パートタイマー）の区別なく、話を聞くという取り組みをスタートします。このサロンでは役員らは話の聞き役に徹します。決して役員の意見とアドバイスを職員に聞かせる会にはしませんでした。

1回一つの部署で10～20人、全員の話を聞きます。プライベートの話でも、職場の話でも、まったく内容は自由でした。役員は感想を話す。しかし、出された話題に対して否定や改善案などの意見は言わない。現場の価値観を十分に尊重して受け止めるという会です。そして、みんなで話し合う。こうして社内では、何を話しても否定されないという安心感が醸成されていきました。ある支店の主任は、こう振り返ります。

「最初はもちろん、何か嘘くさいと思いましたよ。理事長がくるなんて何なんだろうと。きっと何かやれ、って言われるんだろうなと思っていました。ですが、本当にワイガヤでした。僕は営業の悩みのようなことを話しましたが、ペットの話をする人や子どもの少年野球の話をする人もいて、それは盛り上がって。

そんなん（仕事の話ではなくて）でいいんや、ほんまかいな、って思いました。もっと自分のことを話せばよかったと、ちょっと後悔しました。発散できるというか、何でも言っていいんだという気持ちになりました」

お客様の立場に立てば、時代が求めていたものは、「その立場に寄り添い、顧客固有のニーズを見つけ出し、要望をオーダーメイドする金融サービス」です。つまり、「リレー

ションシップ・バンキング」でした。これはコミュニティ・バンクの本質そのものであり、昔から京都信用金庫が社是としてきたことでした。しかし、職員がお客様に寄り添おうとすればするほど、本音でお互いがコミュニケーションの時間をとることが必要となります。しかし、金融の仕事には、多くの事務処理が必ずつきまといます。そのペーパーワークは、お金が絡みますから慎重さを求められるのは当然で、ここで多くの時間がとられます。

どうすれば、職員とお客様が望む双方向の深いやりとりができるのか。金融機関は営業時間が法律によって基本的には決められています。職員の数も限られていますから、多くのお客様にミスなく対応しようとすると、1人当たりにかける時間が少なくなります。深く、一つのできごとやお客様に向き合うのがむずかしいのです。

そこで、従来からの方針である機械でできることは機械に任せ、職員はお客様と対話をしようという基本方針が再確認され、より強化できるように工夫と改善がはじまりました。現場からの「お客様と関わる時間が、もっとほしい」という要望に応えたことにもなりました。不要な事務作業を減らし、できる限りデジタル化し、選択と集中をはかる。紡《つむ》ぎ出した時間をお客様の対応にあてる。これが大原則となりました。

もともと京都信用金庫は、榊田喜四夫理事長の時代から、積極的に機械化を進めた金融機関でした。新商品やサービスを投入するために必要になる機能を迅速に追加するには、自前で持っていたほうがコストはかかるが、全体としてはプラスであるという発想から、信用金庫では珍しく自前での勘定系システムや情報系システムを開発してきました。ここにきて、その流れは加速していきます。営業店を事務処理の場所から、きめ細やかな接客の場に変化させるためのデジタル化計画が、同時にスタートしました。[14]

お客様とゆっくり対話ができるように、店舗改革の一環としてローカウンターの設置を進めました。そして、お客様と対話をしながら、ユーザーフレンドリーな端末機で必要な作業をする。これを窓口の基本形とするための「仕事のやり方の見直し」であり、「改革」がすすめられました。

職員が事務処理の業務をマルチタスクでできるように、支店に分散されていた事務処理をできる限り集中化することを目指して、事務改革推進プロジェクトチームを立ち上げ、活動を開始したのでした。この動きは各店で行っている事務作業を一括して処理するバックオフィスセンター（ＢＯＣ）が、２０１７年に稼働することで、メルクマール（目標に達するまでの道のり）の達成となりました。

2 対話会「ダイアログ」は本音で情報交換をする場

「お客様に寄り添う」と言葉にするのは簡単ですが、実は難問です。通り一遍の対応は誰でもできますが、その思いや抱えている問題にまで届くかというと、そこには工夫が必要です。京都信用金庫は、「お客様との共通価値の創造」という言葉で寄り添うことを具体的に表現しました。

お客様と会って、話を聞く。抱えている問題は何か、どうしたいのか、金融機関はどのように役に立つことができるのか。何が相手にとって価値となるのか。相手から引き出し、その話を社内で共有し、みんなが知恵を出す。担当者が不在でも、誰でもお客様の対応ができるように端末に入れて、データベース化がなされました。

お客様の持つニーズを探り当てたら、京都信用金庫全体で知恵を出し合って対応する。一連の流れの中で、相手と、どのように対話ができるのか。お客様の反応もそれぞれですから、自分なりのやり方を身につけるまでに試行錯誤を繰り返しました。

社内においても、対話することは不可欠でした。ただ自分のことを話すだけではなく、そこからお互いに何かをつかみ取れるようなコミュニケーションをすることの必要性が浮かび上がってきました。

そこで4年間続いた「ワイガヤサロン」を小休止し、2013年11月に「C・ダイアログ」と名づけられた対話会がはじまりました[15]。役職員間のコミュニケーションレベルを上げるプロジェクトという位置づけでした。さまざまな階層の人が集まって、緩いテーマで話し合うのです。ダイアログ[16]は「みんなで腹蔵なく話をする」ということです。

そこにいる全員で、あるテーマ(仕事と関係がなくても、あっても可)について対話をします。自分の考えを述べて、他人の話を真剣に聞く。それによって、自分の考えを進化させ、発表し、共有する。結論を求めるディスカッションではなく、あくまでも対話です。そこにいる全員がお互いを知り、何でも言い合える関係をつくることが目的でした。

その後、支店でも行われるようになります。店舗の営業時間の終了後、お客様とのやりとりのエピソードやその感想、自分がはまっていることや考えていることを一人ひとりが話し、共有するダイアログがはじまりました。気づきを共有し、感想を交換し、意見が言えるようにする。ダメ出しをするのではなくて、経験や考えていることを共有するという主旨の集いです。その典型的な例を挙げましょう。

「W支店の窓口応対でのエピソードです。高齢のお客様の通帳にクレジットの年会費らしい引き落としが、毎年ありました。お客様は何の引き落としかわからず、担当した窓口の職員も電話などで考えられる引き落とし先を調査しましたが、判明しません。お客様も自宅で手がかりを探しましたがわからず、不安にかられた様子でした。
それでも職員は諦めずに、お客様の昔話に耳を傾け、話題に上がった企業に電話で、問い合わせを続けました。その結果、ついに詳細を突き止めることに成功しました。お客様からは、『お金がたくさんないと金融機関は相手にしてくれない、と思っていました。ありがとう』というお褒めの言葉をいただきました」

非常に地味な話かもしれません。そして、この引き落としをやめたとしても、京都信用金庫の利益には、ほとんど関係ありません。混んでいる店で利益にならない作業に時間を費やすことに対して、他の金融機関であれば「時間があるときだったら対応してもよいけれども、混んでいるのだから他のお客様の順番を終えてからにしなさい」と、実質は対応不可の指示を出すのが常でしょう。「自分でどこが引き落とし先なのか探してください」

と、突っぱねたかもしれません。

しかし、支店ではこの対応をした職員を「お客様第一の姿勢としてすばらしい対応である」とその価値を認め、みんなで讃《たた》え合いました。そのエピソードがダイアログで共有されると、他支店の職員を含めて全員がその価値を理解し、自らも続こうと日常業務にさらに力を入れたのです。

ある職員が時間をかけてお客様の対応をするのであれば、ほかの職員がその職員の仕事の代わりに行い、サポートする。それに対して仕事が増えたなどと、文句を言わない組織づくりが徐々になされていきました。京都信用金庫として「お客様に向き合う行動の第一原則」が実った瞬間でした。

ダイアログが行われるようになると、多くのお客様とのやりとりのエピソードが、支店の中で蓄積されます。それを社内で共有するしくみも生まれました。

――「2000人のクレド」が、やがて「京都信用金庫のクレド」へ

2013年の創立90周年を前に、職員の中からこれからの自分たちのクレド（行動規範）として、自分たちの行動のよりどころとなるものをつくりたいという動きがはじまりまし

た。社是・社訓よりも、より具体的で実践的なものを言葉で表現し、自分たちにもお客様にも明確に示したいということで、検討委員会が立ち上がり、全部室店への聞き取りと対話がはじまりました。

しかし、そこで「そもそもクレドは今、誰かが決めるというものなのだろうか」という疑問が呈されました。クレド、つまり、全役職員の行動規範・信条としていくものは、特定の少人数が、集中して決めるべきものではない。むしろ作成には、じっくりと一定の長い時間をかけて、全役職員からの共感を集めたものにする必要がある。そこではじまったのが「クレド・ストーリー」の収集です。金庫全体からみんなが感動したエピソードを収集し、蓄積していく取り組みです。時間をかけて収集される役職員全員の共感が詰まったストーリーの集積から、やがて要素が抽出され、それが自然とクレドを形成していく、と考えたのです。

自分たちが働く目的は何だろう。京都信用金庫の存在意義は何だろう。どうすれば理念を浸透させることができるのだろう。このような考えに基づき、お客様との間のエピソードを集め「2000人のクレド」として共有し、3カ月ごとに大賞を決めることになりました。

お客様とのやりとりの中で、自分が感動したことや喜んだこと、お客様が喜んでくださったことなど、エピソードを支店内で共有することからはじまります。四半期ごとに各部室店内で、みんなが最も印象に残ったエピソードをエントリーし、その中から大賞が決定します。

この決め方にも、特徴がありました。大賞の審査委員は役員や支店長のみではなく、さまざまな職位の7~8人のチームで構成され、このチームメンバーが毎回変わります。審査の手順として、最初に集まった100を超えるエピソードをすべて読み、各委員が3候補を選出する。この中から得点を集めたエピソードの上位について、良い点数を入れた人が「なぜ、選んだのか」を語り、それを吟味するという形をとりました。多くのディスカッションを経て、最終的には一つを選ぶ。このプロセスの中で、「職員が考える京都信用金庫のありたい姿」が、浮かび上がってきました。

お客様の喜びの声（クレド・ストーリー）を積み上げることで、自分たちがどこに向かうのか、どうしたいのかを具体的にイメージすることができます。お客様との絆づくりを目指して行動すること、お客様の喜びの声を聴くことを行動の中心に据えることで、京都信用金庫としての行動の規則ができあがっていきました。

地域、お客様との絆づくりが京都信用金庫の行動の中心となっていくときに、それまでの行動の規則に変化がおきます。お客様とのエピソードを重視するようになったのです。大きな額のビジネスができることも重要ですが、それだけではない。お客様と一緒に過ごす時間の中で積み上げられるエピソードも重要だと考えるようになりました。「絆という可視化しにくいもの」を理解し、自分たちの行動に落とし込むには、「数値で測るのではなくエピソードで語る」ことが効果的だと気づいたからです。

3 なぜ、「営業ノルマ」を廃止することになったのか

ダイアログが行われるようになって以降、組織の中の人やエピソードを知りたいと思い、また共有したいと思う大きな流れができました。それに拍車をかけたのが、社内SNSやコミュニケーションツールの一つであるマイクロソフト社の「Ｙａｍｍｅｒ（以下、ヤマー）」の導入です。

お客様との間のエピソードや取り組み事例を支店長や部室長が投稿し、それに対して全員がコメントや「いいね！」などのリアクションボタンを押すことができます。今、社内

で何が起きているのかについて多く発信され、それにリアクションすることで参加したり、知恵を出し合ったり、自由な議論の場所として機能しはじめました。

ある支店長は、ヤマーの使い方をこのように表現しました。

「私はヤマーを使用して支店で部下が行った良い取り組みや事例を発信しています。全店に広めるとき、うちの部下がこんなことをしました、と書きます。知ってもらいたいし、それに対して反応がくると、私も部下もうれしい。月に必ず何回と決めて発信することを自分に課しています。褒められると、うれしいじゃないですか」

これとは別の取り組みとして、個人のお客様向けに、「くらしのマッチング掲示板」もつくられました。お客様がプライベートで困っていることを書き込むと、それを見た職員が知っている知識を書き込むというものです。「神道の葬式にはどの洋服がいいのか、数珠は使えないのか」「新大阪で少し時間があるので、駅近辺のおいしいお店を知っていますか」「宇治近辺で子ども連れで出かけても、邪魔扱いをされないフレンチはどこか」など、お客様がほしがっている情報を、職員の集合知で解決することによって、お客様も、

聞いた職員も、応えた職員も満足した気持ちになるという場面が多く生まれました。

雨の日にできるだけ多くの傘を差し出せる金融機関になると決意し、お客様との間と強い関係を構築し、共通価値の創造に向けて邁進することは、京都信用金庫全体の行動の規則となりました。しかし、お客様のために傘を差し出すという行為は、時には利益にならない場面もあります。

お客様のためになっても、自分たちにとっては時間と人の手というコストがかかるうえに、何の数字も生まない。しかし、お客様のために多くの傘を差し出し、全力で対応する行動こそが、京都信用金庫では重視されるのだということを知らしめたのが、第5回（2015年）の「クレド大賞」をとった事例です。


「中古住宅を購入すべく、売主の不動産業者の紹介で他社の住宅ローンを申し込みましたが断られ、仕方なく京都信用金庫のP支店の住宅ローンプラザに相談に来たお客様がいました。権利関係が複雑でローンを組むのがむずかしい案件でしたが、何度もお客様に来店してもらい、くわしくお話を聞き、稟議《りんぎ》を作成して、最終的には決裁がおりました。

お客様は大喜びでした。ところが、売買契約を結ぶときになって突如、不動産業者が最初に紹介した他社でローンを組まないと売主が売らないと言い出し、一度断ったはずの他社も、突然ローンを応諾してきました。

お客様もあまりの展開に納得がいかず、購入を断念しようとかと考えていました。しかし、担当職員は『せっかくぴったりの中古物件が見つかったのですから、私たち京都信用金庫のことはお気になさらず、他社でローンを組まれたらどうですか』と、申し出ました。お客様はこの恩を決して忘れませんと、深く感謝され、他社でローンを組みました」

これについては社内でも、「法的に根拠がない業者の言動に屈する必要はなく、当金庫でローンを実行すればよかったのではないか」との声がいくつもあがりました。しかし、自分たちの原点は「常にお客様目線である」と、この事例を吟味する長いディスカッション中に再確認しました。ローンプラザ所長以下全員が、この対応で正しいと自信を持ち、クレド大賞候補にP支店のエピソードとしてエントリーされました。当時の広報部長は本件に大賞が決定しても、なぜ、それだけ多くの時間を費やし、手間ひまかけたのに果実を他社に渡してしまったのか、という疑問は払拭できなかったと言います。

しかし、大賞受賞式で、当事者たちからそこにいたる細かいストーリーを聞き、「家を買う、という人生で何度もない大きな買い物の際に、ケチがつかずに気持ちよく入居してほしい」という職員の強い姿勢に納得しました。この姿勢こそが、自分たちの進む道だと確信を持ったのです。

増田理事長はブログで、お客様が満足されれば「現在の残高」に寄与しなくても、きっと「将来の残高」は積み上がる。これこそ私たちの求める新しい金融の基本である、とコメントしています。

自分の成績だけを追い求めて仕事をすると、お客様とつながりかけたネットワークを断ったことになり、未来のお客様を逃す。「将来の残高」という考え方は、徹底的にお客様に寄り添うことで現在の利益でなく、「未来へ向けた価値の上昇」を京都信用金庫として、より重要なものにするという時間軸が長い考え方です。

お互いに同じ地域コミュニティにいるので、つきあいの時間軸を長くとることが比較的可能です。そして意志さえあれば、対面で会うことも可能です。長い時間軸をとれることが、絆と言われるネットワーク構築に大いに影響しています。

――ノルマのためでなく、お客様のために働く

京都信用金庫全体の価値観がお客様との絆づくりを重視することに変化していった2016年から、営業ノルマを段階的に廃止することを決めました。増田理事長は、営業評価制度をなくすことに組織全体が慣れて、機が熟したのだと述べています。[17]

もともとノルマ撤廃の希望について、現場からの声が多くあがっていました。お客様のために時間をとって良い関係を結び、京都信用金庫のファンを増やしたとしても、ノルマがあるとそれが評価されず、結局はお客様との対話時間をかけずに、評価される項目の数字を取ってきた者が得をするのは、論理矛盾を起こしている。

ノルマのために働くのではなく、お客様のために働きたい、という声が大きくなった結果でもありました。もちろん、将来的なノルマ撤廃のために、かねてからデジタル化の促進と事務の集中化などで職員がお客様に向き合い、自分に向き合える環境をつくってきた結果でもありました。

ノルマの撤廃は金融業界に一大センセーションを起こしました。金融業界はノルマを社員に課して売上を上げる業界構造が歴史的に存在しています。この撤廃によって売上の大幅ダウンは避けられないと、考えられていたからです。日本経済新聞は「ノルマ撤廃」を

大きく紙面でとり上げました。次のように結んでいます。

> 京都信用金庫は、優れた地域の起業家を表彰する「京信・地域の起業家大賞」を独自で開催するなど、創業支援に力を入れている。2015年度の創業支援関連の融資実績は、414件で前年度比で約17％増加した。営業エリアが限られる信用金庫は、地域経済の活性化が最重要課題だ。京都信金がはじめた「営業ノルマの撤廃」への動きは、極端な取り組みにも見える。ただ、融資に至らずとも、中長期的な目線で取引先の経営課題を解決するなど息の長い支援につながれば、信金の新たなビジネスモデルになる可能性もある。
>
> （日本経済新聞　2016年10月22日　朝刊）

もちろん、すぐに全員がノルマ撤廃という会社の方針に諸手《もろて》を挙げて賛成し、適応したわけではありません。ノルマ撤廃から1年が経っても、戸惑いがいまだにありました。2017年7月の理事長ブログで、支店長会議で支店長たちからノルマ撤廃を実施した感想と報告を受けたと記しています。

――「ついついプロセス項目の点数をとりにいってしまいます」

――（増田コメント）ノルマ達成のみを仕事の目安にしてきたので、ノルマという作業書がないと仕事がスタートしないのだろうけれど、それは「仕事」ではなく「作業」にしかすぎない。作業員は、真っ先にロボットに替えられるぞ。

「では、対処法は何か？」

――（増田コメント）お客様の話を聞け。そして自分には何ができるか考えよ。部下の話を聞け。そして自分には何がやれるか考えよ。他店の成功話を読め。そして、自分なら自店なら、どう成功できるのか考えよ。

それから4年が経った2020年7月に、評価システムそのものも抜本的に変更しました。個人がおのおの立てた活動目標に対して、所属長だけでなく職場の同僚同士でディスカッションしながら進捗を確認し、アドバイスをし合う定期的なミーティングの実施を開始しました。そして、所属長だけでなく職場の同僚同士がお互いを評価し合う「360度評価」と呼ばれる評価方式を導入しました。

これには、若手職員の研修システムの一環である青年重役制度[18]の答申が最後の一押しとなりました。ノルマはなくなっていたものの、グループ評価などの細かい評価システムは残っていたのです。

職員をさまざまな視座から評価するしかけは、多くつくられてきました。京都信用金庫内で何が行われているのかを知るためのしくみと、他人がやっていることに対して触れることができるしかけです。それが対話のきっかけとなります。

2014年からはじまった「目利きスタジアム」は、職員の目利き力の向上を目指してはじまりました。毎回テーマが決められ、4~5名の発表者を募集します。テーマに沿って発表者は、自分の支店の取引先企業の革新的な取り組みやアイデアを研究し、業界の市場性、成長性を観客の前でプレゼンテーションをします。そして、観客の投票により「鉄人」を決める大会形式の研修です。

職員は、発表者か、観客のどちらかで参加します。発表者のみならず、会場全体で自分たちの取引先とその業界を知り、業務に必要な目利き力を養い、また、他店の事例を共有する絶好の機会です。

加えて2015年5月からは「ナイスリカバリー賞」もスタートしました。一度苦境に陥った取引先に対して、京都信用金庫の職員が適切に経営アドバイスや金融支援を行い、事業再生に寄与したケースの中から良い事例を選び出し、表彰するというものです。決して派手ではなく、大きな営業利益を上げたことを称えるのではなく、地道に企業に寄り添い、収益改善に取り組み、お客様から喜ばれた長いプロセスを評価しました。その内容はイントラネットにも掲載され、仕事のやり方の事例として共有化されていきました。

地道に目の前の課題に向き合い、お客様に寄り添うことを積極的に表彰する「表彰システム」があるお陰で、他人の仕事に対して関心を持つようになり、社内のコミュニケーションも増加していきます。

4 「日本一コミュニケーション豊かな会社を目指す」必然性

2018年6月に増田氏から榊田氏に理事長がバトンタッチされました。榊田氏は「日本一コミュニケーション豊かな会社を目指す」と宣言します。1973年の『コミュニティ・バンク論』に示された信用金庫の目的の一つは、豊かなコミュニティをつくることでした。

この宣言を実現するために、方針を打ち出しました。

▼お客様の役に立つ金融機関を目指すために、機械にできることは機械に任せ、職員は職員にしかできない仕事に専念する。
▼イノベーションが生まれる地域を創造する。
▼知識・感性・フットワークを備えた人をつくる。

榊田氏は理事長就任後、「2000人のダイアログ」を開始しました。スピード感と近い距離感で職員と一緒にコミュニティ・バンクをつくっていきたいというのが、その理由でした。文字通り全職員との対面の集会です。その中で、コミュニケーションや人づくりの意見やアイデアを吸い上げていきます。

第1回の2000人のダイアログ終了後9月に行われた京都信用金庫95周年の記念式典で、榊田理事長は、今後について次のように語りました。[19]

――「京都信用金庫はコミュニティ・バンクです。そして今、コミュニティ・バンクを必要とする時代が来ていると私は確信しています。ただ単にお金を融通するだけの金融ではなく、もっともっと人と人とをつないでいく、そして地域を良くする、そういうきっかけづくりをする金融機関、これが京都信用金庫のコミュニティ・バンクとしての役割です。

そして、その先に発展する地域、心豊かな地域、人と人が幸せに暮らせるような地域、イノベーションが起こるような地域。こういう地域を軸に、私たちは仕事をしていく。そして地域をもっと豊かにしていく。このことを私たちのミッションとしていきたいと思います。

そのためにも私たちは、『日本一コミュニケーション豊かな会社』にすることが必要です。この状態を是非とも、みなさん方と一緒につくっていきたい。そしてこのことを実現することが豊かな地域をつくることにつながると思います。逆説的に言うと、もし地域の発展がないのであれば、私たちの未来はありません」

その後、2000人のダイアログは回を重ね、2023年までにオンラインも含めて、7回実施されました。そこで職員から出された多くのアイデアや意見はすべて、データベース化され、分類され、すぐに経営施策として活かされました。

ダイアログで取り上げられた課題や提言、京都信用金庫をより良い会社にするためのアイデアの実行は、非常に速いスピードで行われています。榊田氏はこの経営のやり方を対話型経営と呼びました。職員同士が対話することで自分たちのあるべき姿を考え、スピード感を持って実行する。そのためには、お互いのコミュニケーションが密でないと意図が伝わりません。お互いが知り合っている必要があります。

――イノベーションが起きやすい環境を整える使命

コミュニティ・バンクとしての本分は地域の発展であり、そのために貢献することが自分たちの使命であると断言しています。イノベーションを起こせる地域づくりを助けることこそが、自分たちの進むべき道であるとしたのです。

イノベーションは、多様な人びとが多く行きかう場所で、違うものが結ばれたときに発生します。京都信用金庫ではさまざまな議論の結果、豊かなコミュニティ（地域社会）を創造するための5カ条がつくられました。

重要な点は多様な人がみんなで知恵を出し合って、他の人をつなげること。新しいことをするときは、先駆者のマネをして必要なところは取り入れること。すべてを自分で内製化しないで共有化・オープン化できるところは、外部の手を借りる。そして、常に違う視点を持つ人びとの間に身を置くことで、新たな気づきや学びを得て、自分もバージョンアップするという行動の規則が明示されたことです。

内向きではなく外部のネットワークと多くつながり、京都信用金庫の組織を撹《かく》拌《はん》することを良しとすること。自社の組織以外の多くの企業や個人がつながることによって、何らかの創発が起きることを前提とすることが、中心の考え方としてありました。職員のための安心で大き

図表3-1　豊かなコミュニティ（地域社会）を創造するための５カ条

①場づくり　多様なバックグランドを持つ人々が集う交流の場(Commons)をつくる。

②寄ってたかって　オープンな環境のもと、集まった人が皆で(寄ってたかって)課題解決に取組む。

③お節介を焼く　お節介を焼く人々がいて、はじめてＡさんとＢさんがつながる。

④先駆者の真似をする　自分で何もかもできなくていい。いいところは真似をしてでも取り入れる柔軟な姿勢を持つ。

⑤他流試合　自分とは異なるフィールドに飛び込み価値観の異なる人と出会うことで「新たな気づきや学び」が生まれる。

「Community Building」の仕組みづくりを実現することが、京都信用金庫のミッション

な器であることを示したものです。

この新しい行動の規則は、ダイアログを行い、クレド・ストーリーを探すことからはじまった京都信用金庫らしさを、より明確にしたものでした。お客様に対して徹底的に全方位で関わることを「おせっかい」と表現しています。財務支援だけではなく、事業の発展やお客様自身の暮らしにも親身に対応することが、結果的には人を強くし、企業を強くし、結果的に地域を強くする。この頃から自分たちを「おせっかいバンカー」と呼ぶようになります。

おせっかいバンカーであるためには、自らの知識や対人スキルの研鑽も必要になります。2017年に京都信用金庫は、「し

図表3-2　おせっかいバンカー（イメージポスター）

あわせづくりサポート宣言」[20]として、お客様にとっての最善の利益の追求を行動原則とすることを宣言しています。お客様に接する誰もが自らのスキルを磨くために、研鑽することと。そのための組織文化を定着させることを宣言しました。

おせっかいを焼くためには、多くの情報と知恵が必要になります。すでに説明した「ビジネスマッチング掲示板」「くらしのマッチング掲示板」、社内業務用のSNSのヤマーに加えて、四つめのメディアである「TUNAG」が、2019年に導入されました。

5 小さな事業にも寄り添うおせっかいバンカーの役割

おせっかいの主だった対象は、地域コミュニティです。特に金融機関として、金融排除の対象となりがちなスタートアップの企業、小さな事業、実績や担保がない事業、業績が悪化している事業こそが、最も金融機関の助けが必要なお客様と明言します。そして、彼らこそが京都信用金庫が関係を深めるべき相手であると宣言します。

もともと京都信用金庫は、スタートアップ企業の融資には力を入れて創業支援[21]をしてきました。

通常の金融機関が融資の手を積極的に出しにくいスタートアップ支援と、業績が悪化していて誰かの知恵と手助けが必要な企業への支援、そして小規模事業者に対して力を入れて、地域における金融包摂（誰もが取り残されることなく金融サービスへのアクセスができ、恩恵を受けられるようにすること）をつくり上げることが、結果的に豊かなコミュニティの創造につながるという、自分たちのミッションに基づいた意思決定でした。その理由を榊田理事長はこう語ります。

「不祥事で地に落ちた経験がある。だから支えてくれた地域を私たちは絶対に裏切ってはいけない。そのためにも王道の金融機関を目指す。王道、つまり当たり前のことを当たり前にやる。そういう金融機関が必要だとお客様に言っていただけると思います」

コミュニティの中の金融包摂を目指す。それはお客様の伴走者として課題解決を目指していくことです。地域の血液たるお金を地域社会の課題解決に役立てること。社会課題の解決が金融の一部であると明言したのです。そして、自分たちが取り組む信用金庫ビジネ

スを「温かい金融」と名づけ、自分たちは職員全員で「寄ってたかって」地域に関わっていくとしました。

「『小さな事業先に冷たい』『担保のない先には冷たい』『業績が悪化している先には冷たい』。本来、そういうときにこそ、金融機関がきちんと寄り添わなくてはいけないにもかかわらず、金融排除されているケースが多い。

これをひっくり返すのが、京都信用金庫の経営スタイルだということをあえて言葉にしていきたいと考えたのが3つのS。スモール・スタートアップ・スランプです。選択と集中の中で、京都信用金庫らしさを発揮するためにも、特に意識をしなくてはいけない」

「伴走者として目指すべきは、経営者にビジョンを持ってもらうことです。将来がどうなるのか、その先の世界を見せて事業の展開を一緒に考えることが、私たちの役割です。それには職員も相手も柔軟に変化する力を生み出さなくてはいけないし、経営者に対しても生み出せるようにサポートしなくてはいけません。そして、ネットワー

――クで人の輪を広げるお手伝いをする。経営者は孤独ですから、仲間の力は重要です」

――「プロジェクト方式の進行」が臨機応変にできる組織の強さ

京都は、起業に優しい都市と言われています。京セラや村田製作所、島津製作所、任天堂など、日本を代表する企業のいくつもが京都発祥です。古都でありながらハイテク産業の集積地で、非常に幅広い産業の土台があります。そして14万人を超える大学生が集まる町です。起業した、もしくは起業したい人や企業を、京都信用金庫のネットワークを使ってサポートすることを自分たちの優先課題としました。起業したベンチャー企業がイノベーションを起こしたら、それは結果的に地域に活気と住みやすさ、仕事のしやすさをもたらします。

コミュニティ・バンクとしてできることとは、イノベーションが起きやすい状態を地域につくることです。そのために、人をつなぐ。新しい人と人との関わり、新しいネットワークとの接続は、イノベーションの発生確率が何もしないよりも大きく高まるからです。その役割を起こすのが、自分たちであるという再定義を改めて行いました。

2013年に「京信・地域の起業家アワード（2019年以前は「京信・地域の起業家大賞」）」[22]が創設され、地域の起業家を応援してきました。

加えて、自分たちは伴走者だけではなくて当事者でもあるべきだという声が2000人のダイアログにおいて若手から挙がり、社内ベンチャー制度の一層の充実が図られました。たとえば、2020年には社内ベンチャーとして、「京信人材バンク」が設立され、中小企業への人材紹介ビジネスがはじまりました。2021年には「まちのべんり屋」として65歳以上の京都信用金庫の退職者で店舗の補修や備品などの製作を行うベンチャーが設立されました。

「寄ってたかって課題解決をする」ための具体的なやり方は、プロジェクト方式です。組織横断的にプロジェクトを立ち上げます。そのメンバーでフィールドワークを行い、ディスカッションを重ね、真の問題の洗い出しをします。

その後、解決策を紡ぎ出し、何度も組織内でプレゼンテーションを重ね、最終的にお客様にプレゼンテーションをし、受け入れられたならば、再び実行のお手伝いをする。お客様と共感し、また自分もつくる喜びを体験する。そして、その一連のできごとを組織内で共有するのです。

食品卸売企業J社は、量販店やネット通販の台頭による業績悪化の打開策として新商品の販売を開始し、百貨店の催事に出たところ、思ったよりも売れませんでした。担当の支店の営業担当者は、この新商品を改良し、どのように売り込んでいくか考えるべくプロジェクトを立ち上げます。

3支店から22名の職員を集めプロジェクトが開始され、全員で試食会を行い、問題点を洗い出します。その後、見栄えや中身や大きさなど、同社の社員とともに何度も何度も改善を重ねます。4カ月後に再び、百貨店の催事に出店するチャンスをつかみますが、今度は商品改良をしたために従来とは違う形態のパッケージが必要になることに気がつきます。

そこで「ビジネスマッチング掲示板」でパッケージデザイン会社を探し、G支店の取引先とつなぎ、見栄えが良くて商品が納まりやすい新たなパッケージをつくり、催事にのぞみました。その結果、前回の2・5倍の売上を記録します。榊田氏はプロジェクト方式での事業の実施についてこう語ります。

「課題解決にはプロジェクト方式で仕事をしようということです。今、全部で150ほどあります。自分たちが考えて、企画立案してやってみる。お客様のことでもいいし、地域のことでも何でもいい。

まずは幼稚であってもいい。自分たちが関わって自分たちでゼロからつくっていく。フィールドワーク、チームワーク、プレゼンテーションの3つのコンビネーションが、プロジェクトをやることによって、『なるほど世の中の役に立つってこういうことなんだ』と身に染みるようになる。こうした感覚が必要になる。真の顧客本位のために必要なことは、おせっかいを焼いたり、親身になったりすること。お客様の喜びの声を一つひとつ積み重ねること。このことが職員の喜びにもつながる。まず、親身になること。心から仕事をすること。心がなかったら何もはじまらない。親身になったら、全員とは言いませんが、お客様に必ず伝わる。

次に、お客様の喜びの声から、私たちは仕事の喜びを知る。当たり前のことですが、『真の顧客本位』になってはじめて、職員は喜べるし、輝けるのです。

上から与えられた目標ができたときや融資ができたときの喜びと、お客様の役に立ったときの喜びとは、意味合いが違います。私たちが目指すのは後者のほうです。お客様が喜んでいただくことを自らの喜びとする、そのためにも『真の顧客本位』でなければならない」

6 人と人、組織と組織をつなげる架橋点となる

こうしてお客様を大事にする姿勢が、行き着いた先はどこか。

京都信用金庫は、それをコミュニティマネージャーという言葉で表現しています。意味は文字通り、コミュニティをつなぐ役割の人の総称です。地域の中における情報のハブであり、人と人、組織と組織をつなげる「架橋」の役割を担うことが、職員に求められています。

ハブは「ハブ・アンド・スポーク」[23]の通り、多くのネットワークの架橋点であり、さまざまな情報が集まりそこを経由して出て行く場所のことです。人と人をつなげる役割は、ビジネスマッチングはもちろんですが、それだけではありません。

利益と直接的に関係がなくても、将来の地域の発展のために必要になるだろうとの予測のもとにつなげる。単に何でもかんでも見境なく、というよりも、将来的に地域の発展にプラスになるという目利きの力が、そこに入ってくるのです。

情報のハブは、情報を集めることができる場所やツールがあって、情報をとろうと思う

意志を持った人がいて、情報発信に関して寛容な組織がある、ということが揃わないと発生しません（高田, 2012）。その意味では京都信用金庫は情報のハブが発生しやすいしくみを持っているということになります。

加えて、質の高いコミュニティマネージャーには、将来がどうなるかという自分なりの見通しと相手への深い洞察や理解が求められます。そのためには企業としても、人づくりに力を入れることになります。根底にあるのは「地域を絶対に裏切ってはいけない」という強い思いです。

この思いはいろいろな方向に進化していきます。地域を大事にするためには、地域が持続可能であることが不可欠です。持続可能性を高める活動をしている企業や、社会的な問題解決を目指す企業、いわゆるソーシャル企業を応援しようという取り組みもはじまりました。

自社のサービスや製品で事業収益を上げ、持続性のある社会をつくるために貢献しているような企業を金融面で応援してこそ、コミュニティ・バンクであり、企業とともにソーシャルな社会形成をめざそうとの発想で、重要な活動となりました。

――信用金庫が連携し、各企業のＥＳＧ経営を後押しする活動へ

２０２１年４月、龍谷大学ユヌスソーシャルビジネスリサーチセンター（ＹＳＢＲＣ）と京都信用金庫、京都北都信用金庫、湖東信用金庫で、「ソーシャル企業認証制度Ｓ認証」が創設されました。これは社会課題の解決やＥＳＧ経営（環境や社会に配慮し事業を行うことで、適切なガバナンスが利いている企業として投資してもらえる経営）を目指す企業に対し、経営方針や事業内容、社会的インパクトなどを基準に、評価・認証を行う制度です。「ソーシャル企業認証制度Ｓ認証」を取得すると、企業は社会的信用度やイメージの向上、そして学生の就職活動の際の「企業選択の基準」となると期待され、新しい企業風土の確立などに寄与するだろうと考えられます。２０２１年以降、京都信用金庫はソーシャルという言葉を多く使うようになります。ソーシャルな企業を応援することは、社会の課題解決を進めることであるという確固たる信念がありました。

社会課題を解決することは、コミュニティがより良くなることにつながります。その後、２０２２年１月からはじまった預金者とソーシャル企業とを結ぶ「京信ソーシャル・グッド預金」や、２０２２年４月からはじまった「京信ソーシャル・グッド融資」など、社会をより良くしようとしている企業への融資や課題解決の伴走に力を入れていきます。

もともと金融を通じて豊かなコミュニティをつくることが、経営理念の真髄でした。起業や起業して間もない企業、いわゆるベンチャー企業への融資と課題解決に力を入れることは、地域の発展という観点からも最重要課題としてきました。そこに昨今では、「社会の課題解決に取り組む企業」に対しての融資という新しい分野を加えたのです。

ただ、これらの企業群が軌道に乗り、果実を得るまでには一般的な融資例よりも時間がかかることは、容易に予想ができます。リスクをとる融資であることは間違いなく、それを軽減するためには、融資先はもちろんのこと、その周辺企業、地域とともに何重にもネットワークを張り巡らせ、常に状況をモニタリングしていることが求められます。そして必要なときに、必要な手を差し伸べられる準備をしておくことが求められます。京都信用金庫にとってさまざまな種類のネットワークを重層的に張り巡らしていくことは、リスクの軽減という意味でも必要な行動なのです。

7 コミュニティの心理的安全性は担保されているのか

さて、ネットワーク、そしてコミュニティと、補助線を引きました。これらの補助線はお互いに包摂関係にあります。ネットワークの視点から見ると、コミュニティはネットワークの中に包摂されますし、コミュニティの視点から見ると、ネットワークはコミュニティに包摂されます。

そうは言ってもネットワークはやっかいな性質も持ちます。ネットワークは人がつくるものですから、企業としてネットワークをつくりましょうと、職員に大号令をかけたとしても、それが機能するとは限りません。それを仕事に活かすか活かさないか、有り体に言うと、組織のため使うかどうかは個人の自由です。

他方、企業にとってネットワークは重大な経営資源です。企業の立場からすると、従業員がネットワークをつくりやすい環境を整えること。そして、社員のネットワークから生み出される知恵や情報を何らかの形で、組織内で役立ててもらうこと。二つの要素を満たす必要があります。

社員がネットワークをつくりやすい環境とは何か。単なる規則や決まりや評価システムで縛り、たくさんの名刺をもらってきたから良しとする、という類の話ではありません。もう一つ、個人の側からすると、自分のネットワークを組織にも役立てたい気持ちになる状態をつくる必要がある。この二つを満たすのには、心理的安全性があることが不可欠です。社員がネットワークをつくること、それを組織で役立てることに対して、心理的安全性を担保できる環境を整えることです。心理的安全性は、何かをすること、発言することについて気兼ねなくでき、対人的なリスクをとることに対し、この場所では安全だと思える気持ちのことです（Edmondson, 1999）。

具体的に見てみましょう。ネットワークの種類とそのビジネスにおける利用について示したのが、次ページの図表3－3です。

ネットワークの利用について、社内ネットワークも含めて仕事から派生したネットワークを仕事で利用するか、しないか。そして、自分の持つプライベートネットワークを仕事で利用するか、しないか。この四つの選択があることがわかります。簡単に選択肢と言いましたが、実は不安定な要因を含んでいます。それは人の躊躇《ちゅうちょ》です。

社内で得たネットワークであったとしても、それを自分の仕事で使うかは、その人の考え方と置かれている状況によります。自分のチームの仕事でのネットワークの使い方が、必ずしもaとは限りません。もしもaを選択したらチームの誰かの手柄になるとか、何らかの非難や揶揄を受けるとか、評価のされ方が自分の思うようになるのではないと、本人が予測したらbを選択するでしょう。

反対に、まったく個人に属するネットワークであったとしても、それを使うことによる評価が自分と自分のチームにプラスになるのだったら、もしくは使うことによって本人が満足するのであれば、ｃを選択することもあります。これはひとえに、自分の所属している組織をどう思い、どう評価しているのか、本人が組織に対して、心理的安全性が確保されていると感じているのかどうかによります。

典型的な例を挙げましょう。最初はａにあたるケースです。

Ｉ支店の職員であるＡさんが担当したＢ社は老舗で、社長は業界でも有名な経営者でした。しかし、経費率が高く、キャッシ

図表3-3　ネットワークの種類とビジネスの関係性

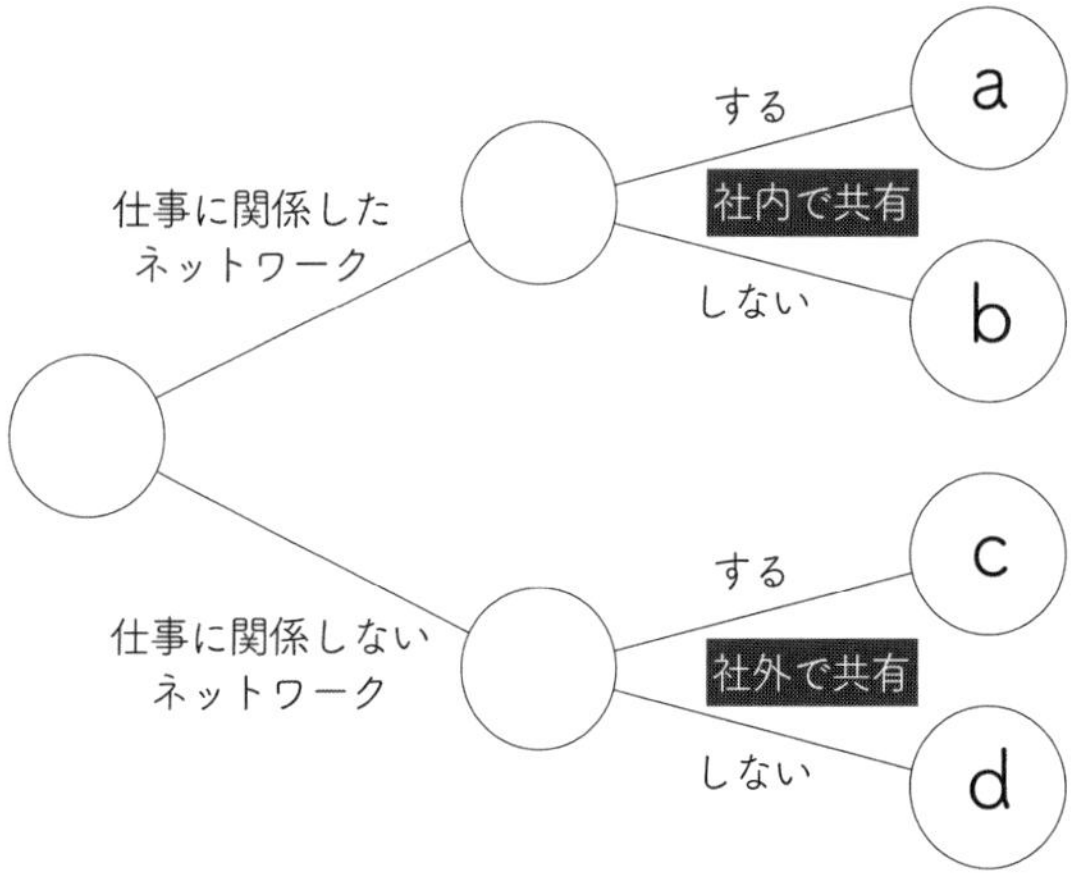

ュフローが大幅な赤字でそのファイナンスのための借入金が、毎年増加していきます。その理由は、社長の無謀な社外投資活動でした。担当になったAさんは、この泥沼のような社外投資活動にメスを入れるべく、保証協会の追加融資を拒否します。加えて後継者で専務の長男と事態の深刻さを共有し、「本気でいっしょに立て直しましょう」と、熱意を込めて問いかけます。

そしてAさんは京都信用金庫の顧問税理士、信用保証協会に相談し、さらに似たような案件を扱ったことのある上司や他の部署の職員に声をかけ、状態の解明と対応策について相談をします。そのうえで社長に、「この仮払金の回収可能性が確認できないと、融資は実行できません」と迫ります。Aさんは内心、社長の逆鱗に触れてメインバンクとしての役割を切られるのではないか、と不安だったそうです。

その後、抵抗する社長を粘り強く口説き、最終的には長男である専務への経営の交替を実現させます。長男が継いだあと、すぐに資金の社外流失が止まりました。その後、さまざまな奮闘をした数年後、破綻懸念のある融資先から正常な融資先に業績が回復しました。一連のできごとのあとに、長男は「親父は過去の成功体験からブレーキが利かなくなった、それをあなたが止めてくれた」と言って、Aさんに深く感謝したと言います。

このケースは、Aさんが社内のネットワークを駆使して多くの知識や知恵を手に入れて、社長と対峙しています。彼は社内のネットワークを使うことに、何のためらいもありません。

次に、cにあたるケースです。

Z支店のDさんの担当のお客様は、料理屋を経営しています。お店では、地域特産野菜を使用した一皿を看板料理にしたいと考えていました。しかし、卸売業者からも必要容量を仕入れることはむずかしいと言われ、途方に暮れていました。コロナ禍での緊急ヒアリングを顧客に行っていたDさんはこの話を聞き、「ビジネスマッチング掲示板」に投稿します。そして自らも京都信用金庫の取引先や京都卸売市場に問い合わせますが、取り扱いがないことがわかりました。

ところが、投稿から3日後、別の支店の職員Eさんから反応がありました。子どもを通じて知り合ったいわゆるママ友の実家が、その特産野菜の農家であることを思い出し、その友人に連絡したあと、掲示板に書き込みます。その後、Dさんがお客様とともに、Eさんの友人実家に連絡をとり、交渉を行い、最終的に仕入れが決まりました。お客様は、

「すごい話だ。仕入れるのは無理だと思っていた」と、大変喜んでくれました。

Eさんは遠く離れた支店で主に預金関係の接客を行っている職員です。法人の営業を担当しているわけではありませんし、Dさんのことを知っているわけでもありません。ただ、Eさんは「何か役に立ちたい」といつも思っており、「ビジネスマッチング掲示板」「くらしのマッチング掲示板」を読むことを日課としていました。

この問いを見つけ、まったく会社と関係がない自分の友人に連絡して、その実家である農家とつなぎ、結果的に成約に結びつけます。彼女は自分の個人的なネットワークを、会社のために使っていることになります。

二つとも、「寄ってたかって」おせっかいを焼いた事例として、京都信用金庫の中で「ナイスリカバリー賞」と「ナイスマッチング賞」をとった事例です。ここで疑問がわきます。社内にせよ、社外にせよ、自分のネットワークを他人のために使うときの引き金になったのは何なのでしょうか。

自分のものを他人のために使うことに躊躇がない状態は、二つの条件が揃ったときに発生します。一つめは、個人が利他的な行動をしたいという気持ちを持っている場合です。二つめは、その行動をしても自分が不利益になることはないという心理的安全性が存在している場合です。自分がプライベートに属するネットワークを使うことで、周囲から攻撃をされたり、揶揄《やゆ》されたりする可能性が高いと、人はその行動をしません。

人間は程度の差はあれ、環境の影響を大きく受けます。自分がどう振る舞うか、自分の意志と置かれている環境を鑑《かんが》みて決めます。心理的安全性は、その人が環境をどう解釈するのかに左右されます。もっとくわしく言うと、人間が行動をするとき、「こうあるべきだ」という経験や知識を基盤にして意識・無意識に方針を決めます。その方針に基づいた行動の規則を形成するのです。

たとえば、先ほどのI支店の事例のAさんにとってB社の状態は、「ビジネスポテンシャルのある会社は、こうあってほしい」という形からは、はずれていたと考えられます。Aさんには B社が、「こうあってほしい」という金融機関で働く一員として理想とする形があり、その実現のために行動の規則を考えて実行していきます。具体的には長男の専務が会社の担い手として意識を強く持つことや、社内外のネットワークをつなげることでした。

「こうあるべきだ」は、その人の立ち位置、その人が過ごしてきた環境の影響を大きく受けます。もちろん、環境のみならずその人の考え方の指向性、性格など、さまざまな要素の影響を受けます。単純な例で言うならば、「女性が中心となって子育てをするべきである」という気持ちを強く持っている人は、自分より妻が仕事の忙しい時期であったとしても、「会社を定時にあがり、子どもを迎えに行くのは妻がやるのが前提」となります。そうした思考のもとで自分の予定を決めるでしょう。この「こうあるべきだ」と、それにともなってつくられた「一連の行動の規則」を併せて、マインドセットと呼びます。

人間は本来、環境に適応しようとします。環境が変わると行動も変わります。マインドセットそのものが変わるのかどうかはわかりませんが、少なくとも外から見える行動は変化させることが可能です。行動の規則を変化させて、対応するからです。

――集合知に触れられる起点になるには？

では、どうすれば組織は豊かなネットワークを社内外につくることができるでしょうか。そのポイントを整理してみました。一つひとつ見ていくことにしましょう。

①企業の「こうあるべきだ」と行動の規則が一致しているか

企業の「こうあるべきだ」は、理念のことです。京都信用金庫の「こうあるべきだ」は、コミュニティ・バンクとして地域を豊かにし、人と人をつなげることです。そして「寄ってたかって、地域の人におせっかいを焼く」ことが、行動の規則です。行動の規則は下位に、また多くの行動の規則をつくります。

少なくとも京都信用金庫の職員はおせっかいを焼いても他人に「別の支店の話に、別の部署の職位も違う人がしゃしゃり出てきてみっともない」などと言われることはありません。そのため自分の評判が悪くなる心配もないのです。

理由は、二つあります。一つは、おせっかいがトップからも推奨されている行動であることと、もう一つは、みんなが同じように行動しているのでとりたてて何かを言うことではないのです。他人のおせっかいの事例は社内ネットワークやSNSを通じて、毎日触れることができます。まさに、社内での心理的安全性が担保され、おせっかい行動がしやすい環境にあると考えられます。

それゆえ、面識のないZ支店のDさんの案件に別の支店のEさんが、自らのプライベートなネットワークを紹介し、それを役立てることに躊躇しなかったのです。

②理念を社内に浸透させるトップの工夫があるか

「こうあるべきだ」という理念は、放っておいて浸透するわけではありません。多くの場合、理念は壮大です。社内の半径3メートルの幸せについて語られたことが、企業理念になっている企業は見たことがありません。「壮大な理念を自分ごとにする」――ここに、マネジメントの工夫があります。

京都信用金庫は、コミュニティ・バンクである。これが、すべてのはじまりです。しかし、地域社会への貢献ということならば、同じような理念を掲げている企業は、山のようにあります。それでも京都信用金庫の理念が浸透しているのは、一朝一夕で、ある日、突然そうなったのではなく、長い時間をかけて組織の中で醸成されてきたものだと考えられます。

不祥事が続いたことで、自社の存在について経営陣の間では強烈な危機感がありました。「原点に戻り、そこから復帰する」という誰もが納得しやすい理想を明示することによって、求心力を高めたとも解釈できます。

まず、「絆づくり」という言葉を深く浸透させることで、地域の人や企業、そして京都信用金庫内においても、つながりをつくることの重要性を徹底しました。そして課題解決の手伝いをすることが、自分たちの使命であると、明確に示しました。

「こうあるべきだ」の内容について「課題解決」という原則を示したのです。その実現のための自分たちなりの行動の規則をつくるために機能したのが、腹蔵なく、みんなで話し合う機会を意図的に持つ「ワイガヤサロン」であり、「ダイアログ」だったと言えるでしょう。

その後、「日本一コミュニケーション豊かな会社を目指す」という、新しい「こうあるべきだ」が加わります。「絆づくり」はビジネスのあり方を示しています。「日本一コミュニケーション豊かな会社」はこれからの組織のあり方を示しています。地域やお客様、社内の多くの人と多くコミュニケーションをとることが、結果としてネットワークづくりにつながります。

③フィードバックサイクル

京都信用金庫の「絆づくり」「場づくり」「寄ってたかって」「おせっかいを焼く」という行動の規則を明確に示した言葉は、ネットワークをつなぎ、集合知で課題解決に対応することが、好ましい行動であることを示しています。そして、ダイアログに加えて「ヤマー」や「TUNAG」などのさまざまなコミュニケーションツールが、自分たちなりの行動の規則をつくり上げる装置として機能しました。

誰かが知恵や助けを求め、それに対して誰かが応える。知恵を貸してくれたことに対して感謝が表明され、見ていた人も「いいね！」とボタンを押す。問いに対する答えのフィードバックサイクルがネット上で成立しています。毎日ネットを通して、たくさんの問いがたてられ、その答えや知恵が示され、反応がある。職員のほとんどが毎日、業務上で必要なページも多く含むこれらの掲示板を見ていますから、「問うこと」と「答えること」が日常の風景になります。フィードバックをすることに対して、ハードルが下がる。

また、ＴＵＮＡＧには、「お客様に対してこんなアプローチをして喜ばれた」「こんなことをお客様が考えていることがわかった」といったストーリー、成功事例、仕事のやり方の公開などの投稿が行われるので、それを読むことで疑似体験しているような気持ちになりやすい。

お客様に対して積極的に行動をしていることを目のあたりにしていくと、自分にも「一歩踏み出す高揚感」と「勇気」が芽生えてきます。また、みんなが参加していることで、「業務外のことをやっても周囲から非難されることはない」「職場の外のネットワークに入り込んでも、揶揄されることはない」という心理的な安全性を担保するという副次効果が生まれました。社内から次のような声があります。

「同期がいい仕事をしているのを見ると、自分もやらなくちゃ、と思う」

「〝くらしのマッチング掲示板〟を読んで、何かできることがないかといつも探しています」

「朝出社すると、仕事関連のチェックのあと、ざっと掲示板を見ます。その後、空いた時間に、また、アクセスして何か自分にできることはないかを考えます」

「食事に行くときや出かけるときは、TUNAGで見た情報を参考にすることも多いです。時々、おもしろい情報が書いてあることがあるので」

表現の仕方は違えども、この種の発言が非常に多くの職員の口から聞かれました。イントラネットを見て、自分たちを取り巻く地域やお客様を生活の中で自然に考えるようになっていました。そして、社内における見知らぬ同僚と同じネットワークの中にいるという安心感と、他人の成功例を見て自分も何かやろうという気持ちが、リアルタイムでアップデートされていました。

④イントラネットやSNSが個人の効力感を後押しできるか

個人が心理的安全性を高めることについては、効力感という概念で理解できます。効力感はBandura（1977）が発見した、動機づけの重要な要因の一つです。平たく言うと、できると思う気持ちを持つことで、これは本人のやる気に強く影響します。できると思う気持ちで何かに取り組むのと、失敗すると思いながら取り組むのとでは、前者のほうが成功確率が上がるとされています。

スポーツをイメージすると、わかりやすいと思います。試合後に敗者が「気持ちで負けていました」と述懐しているシーンがあります。スポーツは、勝ちにいくと思って試合に取り組まないと、成功確率が下がります。効力感が発生しないからです。効力感の有無は、アウトプットに強い正の相関があるとされています（Schunk, 1982）。

効力感は、四つの発生要因があるとされます。一つめは、成功体験を持つことです。成功体験を持つと人は、「自分はやれる」と強く動機づけられます。二つめは、他人の成功を見て自分もできると思うことで、これを代理体験と言います。三つめは、「あなたはできる！」と言語で説得されることです。四つめは、肉体的に健康で生理的状態が良いことです。しかし、ビジネスの現場では、たとえ睡眠をとっていなくても、ランナーズハイのような状態になることは可能ですので、生理的状態は何とも言えません（Bandura, 1977; Bandura, 1995, 高田, 2003)。

お客様の課題解決に対して、寄ってたかって、おせっかいを焼くという成功体験を持った人は、おせっかいを自らの行動の規則にします。そして、他人の成功体験を「TUNAG」で、毎日読むことによって、代理体験を通して自分もできると思えるようなったと考えられます。このことが、効力感が発生しやすい状態をつくるのです。

もう一つ、後押ししたのが、「クレド大賞」や「C・ノーベル賞」「ナイスマッチング賞」「創業サポーター賞」「ナイスリカバリー賞」など一連の表彰システムでした。

すべての表彰システムは、役員以上は選考メンバーには入るものの、ポジションパワー（役職が高い人が大きな力を持つこと）は発揮されません。役員が選ぶ表彰ではないことが、徹底されています。職員から選出された選考委員会メンバーが応募された書類（そのほとんどは、すでにイントラネットで公開）から丁寧に選考します。

ここで表彰されることは成功体験となります。それをイントラネット上で見た人も、「○○支店のとき、一緒だった○さんが表彰された！　すごい、自分にもできるかも」と

図表3-5　社内表彰一覧

名称	創設	内容
ナイスマッチング賞	2009年	特に共感できるビジネスマッチングを毎月顕彰し、顧客との「絆づくり」の重要なツールとして定着させていくために創設。
「2000人のクレド」大賞	2014年	各部室店で「みんなが一番印象に残ったエピソード」を提出し、それを全役員で共有していく取り組み。
目利きスタジアム	2014年	職員の目利き力の向上が目的。自分の得意とする業界やトレンドを研究し、聴衆の前で披露するというもの。職員同士が切磋琢磨し、情報を共有することが狙い。
ナイスリカバリー賞	2015年	一度は苦境に陥った取引先が、事業の改善に成功され、その過程で取引先代表者から「あのときは本当にお世話になった」と聞くような事例を抽出し、表彰する。
C・ノーベル賞	2017年	「共通価値の創造」につながる活動を金庫全体に浸透させることを目指し、営業現場での選りすぐりの好事例を2部門に分けて顕彰。役職員全員で共有する。
創業サポーター賞	2018年	顧客と真摯に向き合い、リスクに挑戦する起業家を全力で応援する職員の好事例を可視化することで、成果につながる要因を分析し、全店で共通するために創設。
くらしのマッチング賞	2018年	「くらしのマッチング掲示板」において、顧客のニーズや課題の投稿に対して職員から寄せられた返信が、課題解決やしあわせづくりのサポートにつながった事例について表彰。
職場のKANAME賞	2018年	日常業務の中で小さな改善を積み重ね、事務の効率化、職場環境の良化に貢献し、職場の仲間から多くの共感を得た職員を表彰。
くらしのサポーター賞	2020年	しあわせづくりサポート宣言のさらなる実践と定着のために、お客様のしあわせづくりに貢献した金庫職員の好事例を広範囲な取り組みから抽出して共有していく。みんなが選ぶ「くらしのマッチング賞」を発展させて創設。
想いをつなぐ賞	2021年	中小企業者の中には将来の事業承継に課題や悩みを抱える事業者が多い。そこでお客様に寄り添い、想いをつないだ金庫職員の好事例を可視化することで、その成果につながる要因を分析し、全店で共有するために創設。

（2023年3月末現在）

代理体験を感じる。

全員が効力感を感じることはありませんが、意識下に届くメッセージとして「顧客の課題解決のために動くこと」が重視されている実態は伝わります。重要なのは、営業成績などの数字ではなく、お客様と自分とのやりとりの中で発生したストーリーへの表彰であるという点です。選考委員会のメンバーは固定化しないように配慮されており、多くの視点が常に入るようになっていますので、毎回違う視点からのストーリーが紹介されることになります。

加えて絆づくり、おせっかい、寄ってたかって、豊かなコミュニケーションを目指すなど、行動の規則のもとになる経営トップから発せられた言葉は非常にあいまいで、いかようにも解釈が可能です。そのうえで、求められているのは、課題解決という明確なゴールです。

ゴールだけは非常に明確に表現されていますが、そのための道筋は個人の好みと置かれている環境に任されているというのが大きな特徴です。人間は論理的で科学的な話よりも、物語に強い関心を抱く傾向があります（Bruner, 1990）。課題解決のための自分なりの行動の規則をつくるには、ストーリーをたくさん読み、自分の中でそのプロセスをつくりあげることが必要なのです。

企業が社内のネットワーク構築に、直接関われることが一つだけあります。場をつくることです。「よそ者、バカ者、若者」という言葉の通り、異なる価値観を持った多様な人が集まり、そこでコミュニケーションを繰り返す中で、新しい考えやイノベーションが生まれるということは、古くから知られていました。世の中を変えるような破壊的なイノベーションは、自由な価値観と混乱から生まれます（Christensen, 1997）。

もともと、グラノヴェッターが主張した弱い紐帯の強さの概念（第2章を参照）も、就職活動に役立つ貴重な情報などは、パーティーなどの多くの人が集まる場所で、あまり深い関わりがない人から、もたらされるというのが主旨です。多くの人が集まるビジネスに直結した緊張がない場所、シリコンバレーのハンバーガーショップやイギリスのパブのような場所、いわゆるサードプレイスは、自らのストーリーや自分なりの決着がついていない考えを語る場所として機能します。

先に紹介したように、京都信用金庫のQUESTIONは、まさにそのために用意されています。この種のしかけを意識的につくり、地域に開放することによって、ネットワークの育成地となり、多種多様なネットワークとイノベーション発生を時間をかけて育てているとも言えます。しかし、場から何かが生まれるとしても、いつ、どのように、生まれるかはコントロールができにくい問題です。加えて、どうやってそこからマネタイズ（収益化）できるかについては、人びとを取り巻く経済環境の要素が、多く入ってくるため未知数です。

場をつくっても、すぐにネットワークが蓄積され、起業が成功し、利益に貢献するという直線の因果関係があるとは思いません。そこから多くのビジネスが湧き出てくるというのは、そうかもしれないし、そうでないかもしれない。しかし、継続して続けないと蓄積されるものがなくなります。途中でやめられたら元も子もありません。非常にむずかしい要素を含みます。

資産としてネットワークを考えるのならば、多くのネットワークを持った職員を抱えていて、彼らや彼女らが、その能力と果実を組織のために役立てることができるという状況を維持することのほうが、よほど現実的です。

第４章では、ネットワークをつなげる人はどうやって生まれてくるのか、いわゆる、研修で、それが可能なのかについて論じることにしましょう。

14 ２００８年1月にスタート。２０１１年5月に新営業店システムへの入れ替えが全店で終了。

15 Ｃ・ダイアログは、２０１５年末まで3年間続き、経営職と管理職は全員が参加した。

16 中原淳・長岡健（２００９）は、ダイアログを、共有可能なゆるやかなテーマのもとで聞き手と語り手で担われる創造的なコミュニケーションとしている。

17 グループ業績評価とプロセス評価は２０２０年まで残り、同年4月に完全撤廃した。

18 １９６４年に開始された人材育成制度。メンバーは入社10年目までの10名程度で構成されており、任期は1年。青年重役会の目的は、「次世代の金庫を担う有能な人材を育成するための能力、人格、意識の涵養《かんよう》をはかる」とされており、任期中にグループから京都信用金庫の経営に対して、具体的な提言をすることが求められている。

19 京都信用金庫『きずなＮｏ３４２』２Ｐ　２０１９年1月号。

20 しあわせづくりサポート宣言骨子――基本方針①常にお客様の立場に立ち、お客様にとっての最善の利益を追求する。②顧客にふさわしい暮らしのアドバイス、金融商品の提供。③わかりやすく説明する。④宣言を遵守する意識を役職員が共有し、お客様に信認していただける企業文化が定着するように取り組む。

21 ２００７年から創業支援融資制度「ここから、はじまる」を創設。創業間もない起業家が1年めから収支をプラスにすることはむずかしいために、2期めの決算までは当座貸出とし、3期めから証書貸付で、毎月返済してもらうしくみの融資。

22 創業5年以内で起業マインド、事業の独創性・収益性・成長性・社会性、「地域貢献度」に優れた中小企業者（個人事業主含む）を対象とし表彰する。コミュニティ・バンクの使命である人と人、企業と企業の絆を育み、豊かな地域社会の発展のために地域活性化支援活動と位置づけられる。

23
「ハブ」は架橋点のこと。大規模拠点（ハブ）に情報を集中させ、そこと各拠点を放射線状に結ぶしくみのこと。

第4章

「ネットワーク構築力」のセンスを磨く

「経験学習」×「観察学習」で学びの質は上がる

1 ネットワークをつくる能力とは何か

第2章、第3章ではリーダーシップの構成要素の一つである「環境」について、「ネットワーク」と「コミュニティ」という補助線を引いて説明してきました。第4章では「能力」について、まず「ネットワーク」という視点から考察してみましょう。先に引いた環境への補助線より、個人に光をあてたミクロの視点で考えてみます。では、能力という点から考えると、ネットワークを構築する能力を磨くためには、どうすればいいのでしょうか。

多くのネットワークと架橋することは、一見美しいことに見えますが、本人たちは大きなストレスを受けることが予想できます。異文化を実体験しなくてはいけないからです。その際、どんな視点を身につける必要があるのでしょうか。

ビジネス上のネットワークが構築されていくプロセスは、お互いを観察するプロセスでもあります。片方、もしくは両方が相手に対して、今ではなくても、相手のために自分は働くことができる自信を持つところからはじまります。京都信用金庫の新しい見込み客とネットワークをつくろうとする事例にも、その心理プロセスは見られます。典型的な発言を見てみましょう。

「新規開拓に行ったときは、特に（相手とネットワークを築きたいと）思います。こちらは、何か取引ができないかと思って出かけるわけですから。相手が妙に愛想が良くてスルっとして何もなく終わるよりも、ゴツゴツしているような手応えのほうがいいですね。初めは、とっつきにくくても、何度か会っているうちに、先方のニーズがわかると燃えます。自分が何かお客様のためにできることがあるぞ、って。

最初からこんなことに困っています、ということを自分から発言するお客様は、そんなに多くありません。困っていることを本人がわかるということは、そのときには、すでにお客様がメインバンクに（相談に）行っているんですよね。

ですから、初めてのお客様とは、ともかくいろんなことを話すようにしています。自分の持っているものは出し惜しみせずに、です。お話しているときは、お客様の表情、身振り、手振りも、よく見ています。初めて伺ったときに、あまりじろじろ見ると失礼ですので、そのあたりは気をつけていますが、その企業の様子は必ず頭に入れるようにしています。社員さんの表情も、気になりますね。

　新規先の開拓は結構、むずかしいんです。自分も長く苦戦しました。でも、最近、開拓ができはじめたんですね。お客様になってくださる方が増えてきたんです。急に型にはまったというか。最初の頃は、1日何十先も回りましたね。冬で寒かったときも。バイクでとりあえず名刺を配って挨拶をしますが、すぐに資金需要があるわけではない。それでも、とりあえず回れるところを訪問しました。

　4月になったときに、急に花が咲き出したんですよ。何度も話しているうちに、相手の困っていることが自然に見えてくる。こちらからも話を聞くし、相手も教えてくれるようになる。過去にいろいろとあって、他の金融機関から支援を受けられない先や今のメインバンクで融資が正常に返済できていない。そんな先を京都信用金庫が肩代わりをしようか、というようなむずかしい案件も、結構あったんですよ。

　そのむずかしい案件を自分だけじゃなくて、支店長も含めてみんなでやって、完遂できたときに、自分の成長を感じました」

この種の内容の発言は表現のしかたは異なりますが、多くの場所で聞くことができました。相手と何らかのつながりを持つ、新しいネットワークの構築がはじまるときに、こちら側の心の動きに共通点があります。

「相手が抱える問題に、自分が何か手助けができるのではないか」という予測をし、心の準備をしていました。加えて、程度の差はあれ「相手が自分に対して、何らかのアイデアをもたらしてくれるのではないか」と、期待してくれているのを感じていました。

平たく言えば、「自分が相手の助けになることができる」という思いと、「相手も自分のことを助けになると思っている」という予測が両立すると、その思いが架橋され、ネットワークが機能しはじめるということです。

もちろん、相手が自分をどう思っているのかについては、本当のところはわかりません。あくまでもそう解釈できるというもので、正確ではないかもしれません。その精度がどれぐらい高いかというのではなくて、自分が相手を助けることができるという期待と、相手からも、自分が行動することによってポジティブな結果を招くと期待されているという「自分の予測」が両立すると、ネットワークに相互のやりとりがはじまり機能しはじめる、ということが重要です。図表4-1は、この状態を示したものです。

くわしく見てみましょう。ネットワークが構築されるときは、時系列に見て、3つの要

図表4-1　期待と予測の関係

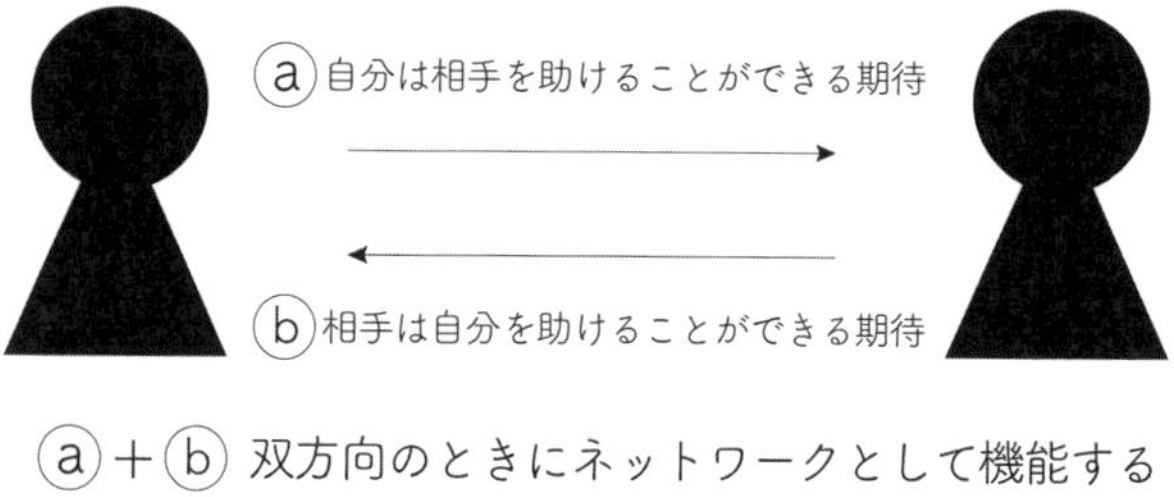

図表4-2　ネットワーク構築能力

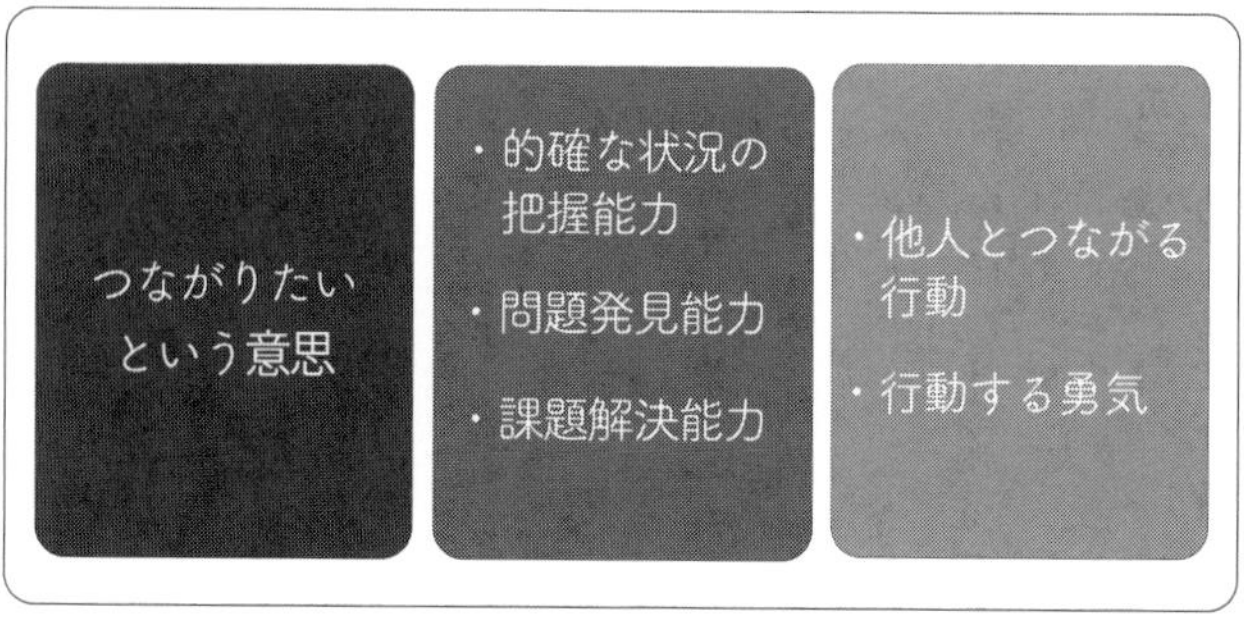

素を見つけることができます（図表4－2）。

- 第一に、「ネットワークをつなぎたい」「つくりたい」という意思があること。
- 第二に、事態を的確に把握し、「何が問題なのかを見つける」こと。「何らかの課題解決の端緒を考える」能力があること。
- 第三に、「他人とつながる行動ができる」こと。また、そのための「勇気を持つ」こと。

どの要素が欠けても、何らかの集合知を得る可能性が生まれるネットワーク構築にはつながりません。単に、知り合いになるのであれば、比較的簡単です。第一、第三の要素だけで、対処することができます。ＳＮＳの時代ですから、多くの人をフォローし、フォローバックしてもらう。多くの異業種交流会に出て、たくさんの人と名刺交換をする。必要なのは、そのマメさとそれに費やす余剰時間、ある程度の資金の豊かさです。意地悪な言い方をすれば、それさえあれば、多くの人と単につながることはできます。

もちろん、社交性や開放性といった類の人と関わる能力は影響しますが、この種の能力は本人以外がどうにかできるものではありません。自分でつながりたいという願いを持って行動に移す。本人の意思が重要なのです。

一方で、場の力は大きな影響を与えます。同じ場所にいて、周囲がネットワークをつくろうとするネットワーキング行動をしていると、自らも同調することは非常に多い。ですから、みんなが仲間をつくりたがっている場所の存在は、非常に重要なのです。もちろん、その人の地位が高くなったり、影響力が強い立場にいると、自分の意思と関係なくネットワーク構築ができるということもあるでしょう。

こうしてネットワークについて客観視して見ると、ネットワーク構築において重要で、なおかつ研鑽が可能なのは、第二の要素――「何が問題なのかを見つける」「何らかの課題解決の端緒を考える」能力があること――です。そして、そのうえで解決方法を考え、実行するという一連のプロセスを実施することです。言い換えれば、ネットワーク構築力を育てていくことは、ビジネスパーソンとしての基礎能力を上げることに他なりません。

――自助努力で磨くことができる「課題解決力」

課題を解決するには、

①状況を把握する
②問題の発見をする
③課題の解決の道筋をつくる

これらの3ステップを踏みます。

①状況を把握する

人間は見たいものを見る生き物です。無意識に目の前にある情報を選択して理解します。心理学では、「バイアス」と呼ばれる、「思い込み」「先入観」を持ちます。京都信用金庫の「ナイスマッチング賞」の中に、自分の行動に今までバイアスがかかっていたことに気づき、そこから脱出した典型的な例があります。

U支店のFさん担当の取引先企業がコロナ禍によって社員寮の部屋を相部屋から1人1部屋へ変更しなくてはいけなくなり、その作業にとても苦戦しました。相談を受けたFさんは、部屋探しに走り回ります。取引先の近所にあるマンション物件を紹介しようと奮闘しますが、セキュリティの問題や条件の問題で上手くいきませんでした。膠着《こうちゃく》状態が続き、

Fさんは困り果てます。そんな中、友人と話をしていて、ふと別の考えを思いつきます。マンションではなくて、ホテルだったら条件に合うのではないか。今までマンションばかりを探し回ったためにうまくいかなかったけれども、コロナ禍で観光需要がなくなったホテルは部屋が余っているのではないか、と発想の転換をしたのです。

Fさんは、すぐに実行に移します。本部の部署に連絡をとり、京都信用金庫の別の支店の取引先を引き合わせることになりました。その結果、トントン拍子で話が進み、寮を探していた自分の取引先と、観光需要が激減して困り果てていた別の支店の取引先のホテルの両方から、とても喜ばれたというのです。

自分の考えにとらわれて、他が見えなくなることを確証バイアスと呼びます。マンションが必要だと思い込むと、空いているマンションだけを探そうとします。ファミリー層用ではなく、「独身寮の部屋にできる設えを持つマンション」となると限られています。寮に転用できるマンションの部屋を多数持っている企業は、そう多くはありません。マンションに固執すると、選択肢を他の角度から検討することができなくなるのです。

この事例では、複数の他人と話したことで確証バイアスから抜け出し、発想の転換ができました。確証バイアスが生じ、それに縛られていると、自分の考えと一致しない情報の価値を不当に低く評価する傾向が強まります。

事態を的確に把握するには、常に「これは本当なのか」「なぜ、この状況が起きているのか」と、客観的に状況をとらえて批判的思考を心がけることが重要とされています(Ennis, 1987)。批判的に考えるためには、一度立ち止まり、さまざまな人の立場になって状況を考え直すことです。批判的にあらゆる角度から考え、状況を把握する。それがはじまりです。このときに他人とのやりとりが、その契機になることも多いのです。

②問題の発見をする

次に、何が問題なのかを見つけます。これは状況把握と密接な関係があります。正確に状況を把握していないと、何が問題なのかわかりません。解くべき問題は、必ずしも目に見えるものとは限りません。人は見たいモノを見る生き物ですから。

良い問いを立てられると、良い答えが出る確率は極めて高くなります。「良い問い」は、物事の本質に根ざしています。もちろん、すべての場合において、この種の本質を問う必要はありません。何が本当の問題なのかがわかったら、大げさに言うと、半分は解決したと思ってかまいません。

先の例をとると、「寮の部屋が足りない。寮のための別の部屋を見つけなければいけない」ということが最初の問題でした。「寮に転用できる部屋」という言葉が問題の立ち位置を「マンションやアパートなどの人が長期居住するための部屋」に固定しました。その結果、苦戦してしまったのです。

ところが、「居住のために貸し出される部屋」から、単なる「部屋」に問題の立ち位置を変えたことが功を奏します。これが正しい問いとなったのです。結果として、「ホテルの長期貸し」という回答を導き出します。

③課題の解決の道筋をつくる

問題がわかれば、どうすれば解決できるかの道筋が見えてきます。その際に複数の道筋(代替案)を提案できること。その道筋の示す視点が多様な角度からなされていることが重要です。将来を予測して各道筋へ成功確率の付与をし、最終的にどの道筋をとるのかを選択します。

ホテルの長期貸しという新しい道筋を思いついたFさんは、あらゆる手を尽くしてホテルとのネットワークを模索します。道筋が決まったので選択肢を広く求めたのです。最初は自分の支店でホテルを持っている取引先を探しますが、立地その他が条件に合いませんでした。

次に、本部の部署に聞き、最終的には別の支店に相談します。そしてその支店の職員が、自分の担当先を紹介してくれました。幸運にも、最初の打診相手でマッチング成立となりました。

もし、ホテルという道筋が有効でなかった場合、Fさんは再び次の道筋を求めたでしょう。多様性のある代替案が課題解決に大きく貢献するのです。多様な代替案を生み出すためには、本人が異なった考え方をする人びと、ネットワークに触れることが大きな影響をもたらすのです。

2 「自分で行動する」「他人を観察する」の両軸で

ビジネスの現場において状況認識、問題発見、課題解決の方法を見つける能力を磨くためには、どうすればいいのでしょうか。これはパターン化をして暗記をしても身につくものではありません。本をたくさん読んで勉強すればよい、という類の能力ではないからです。実際に経験してみて、学習することと、他人のやり方を模倣して自分なりに行動してみること以外に身につけることはできません。

もちろん、知識は武器ですから、多くの知識を文字から身につけることはムダにはなりません。新しい視点を得るためには重要です。複雑に連携し、交差し、または独立したネットワークで成立している社会においては、何がどう転ぶのか、正確に予想することは困難です。多くの場合、「事実は小説よりも奇なり」です。

経験し、目で観察して得た情報と、そこから生み出した知恵は、何ものにも代《か》えがたいのも事実です。文字は視覚だけですが、経験と観察は、五感をすべて使うことができるので、情報量が圧倒的に多いのです。

アカデミックな言葉にすると、経験学習や観察学習は、ビジネスの現場における能力の獲得に有効であるとされてきました（McCall, 1988, 金井, 2002, 中原, 2012, Bandura,1971, 高田, 2007）。経験学習は文字通り自分の経験を主体としています。経験により永続的な行動変化をおこすこともあるのです（松尾, 2006）。

実際に仕事上で経験することによって、それを省察し、自分ごとに概念化したものを再度、実践してみる。つまり、経験学習サイクルを回すことによって問題発見と課題解決のやり方を身につける（Kolb, 1984）のです。トライ・アンド・エラーを繰り返し、その時々で内省し、一般化し、自分ごとにするという一連の思考実験を経ることが不可欠です。ビジネスの現場では、仕事上の修羅場経験が成長に大きな影響を与えます。

他方、他人の行動を観察し、模倣し、自分の振る舞いを決めることが観察学習で、スキルアップのための重要な要素とされてきました（Bandura, 1986）。観察の対象者（モデル）が行うさまざまな対応を情報として理解し、学習し、場合によってはバージョンアップして、自分の行動の規則として頭中に保持するのです。

経験学習と観察学習——自分で行動することと、他人を観察すること——は、自らの能力の向上のために不可欠な要素です。

——ネットワーク構築力を身につける

ネットワークをつくるということ自体が、その人の置かれている環境、性格、能力の影響を大きく受けます。これをすれば必ず上手くいくといった類の方程式はありません。

目で見て、考えて、自分なりの行動をすることが重要で、ネットワーク構築力の向上は、自らの課題解決の能力を他人のやり方を見て学んだり、何度も経験学習サイクルを回して身につけることなのです。個人の視点から考えれば、多くの人を観察することを最初にやるべきことでしょう。

これは人がどのようにネットワークを広げているのか。周りでそれが「上手い人」を見つけて、その人を観察することからはじめるべきです。模倣してみるのです。もちろん、観察者と被観察者は別人ですから、完全に同じ結果になるとは限りません。ただ、観察することによって、自分なりのやり方を編み出す端緒となります。

観察したあとに、自分で目の前の状況に応用して経験する。自分にあったやり方の精度をさらに上げていく。この一連の流れを経験することは時間がかかるでしょうが、自分なりの架橋方法、つながり方を身につけることが可能です。

どのようにネットワークをつくる力を身につけたのか、京都信用金庫の事例で見てみましょう。

「私は預金しか担当していなかったので、恥ずかしい話ですが、証書貸付、当座貸越すら知りませんでした。ですので、まずは、営業の先輩がどういうことをしているのか観察し、話し方までマネをして勉強しました。行動してから、いろいろと反省する。

そして、またやってみる。それが私の一番の勉強だったかな、と思います。人のマネをして、見て、覚えるのが、私の営業スタイルだと思います。特定の誰かではなく、たくさんの先輩たちの行動を観察しました。そこでわかったことは、できる人には、共通するポイントがあるということです。雰囲気とか、しゃべり方とか、目配りなどを見ていたら、自分がどうすればいいのか、わかってきました」

観察学習で学んだことを模倣しながら実際に行動してみて、それを振り返り、再度試すというサイクルがあり、自分なりのアプローチ方法を編み出している経緯がわかります。トライ・アンド・エラーを繰り返し、自分のものにしていくことが個人にできる方法です。これをなしには、ネットワーク構築力を磨くことはむずかしいのです。

では、企業は社員のネットワーク構築力向上のために何ができるでしょうか。

第一の部分「つながるという意志を持つこと」と、第三の部分「つながる行動をとる」は、他者の働きかけで効果があるのかは未知数です。あくまでも本人の問題だからです。ただ、本人の気持ちをその方向に持っていく契機やしかけをつくることは可能です。大きく分けて、「企業風土」「制度やしくみ」「研修」です。

企業風土と企業が持つしくみは、お互いに強い影響を受けます。企業の雰囲気そのものが開放的で、社員が社外のネットワークをつくるのを可能と認めて応援している場合、自然と本人はネットワークをつくることに能動的になります。

さらに言えば、ネットワークをつくることや外と関わることが自らの評価につながるしくみがあれば、社外へのネットワーク構築行動は促進されます。つまり、企業は、積極的に社員が社内ネットワーク以外のネットワークに接触する環境を用意するべきです。自分たちの行動パターンや規則以外の機会を持つ人たちと接することで、思考に新たな刺激を受ける可能性が高くなります。つながる能力には個人差があるために、さまざまな種類の「観察学習」「経験学習」の機会が複数あることが重要です。

ここには多くの偶発性が潜んでいます。誰と会って、どのような効果があるのかということについて、企業はコントロールできません。企業が行う研修において、どのような出会いがあり、どのような影響を与えるのかは誰にもわかりません。場と機会を与え続けることが大事なのです。

先に示した京都信用金庫が公募制で実施する「取引先企業派遣研修」は、他者の視点を実際に経験する研修です。実際に取引先企業で働くことで、企業活動の実態を企業側の立場で理解し、自らの目利きの力を上げること。ビジネスパーソンとして社外のつながりを深める機会です。ネットワークという点から考えると、取引先とより堅強なつながりができることが予想できますし、仕事に関する観察学習が主軸なので、研鑽という点では非常に効果が高い。

非常にユニークなのは、「ヤングアドベンチャー」という制度です。1971年開始で、途中で休止していた時期がありましたが、2018年より再開されています。テーマや行き先をすべて自分で企画する研修です。設立当初の趣意文に、

「青春の特徴の一つは冒険である。……中略……自分の足で歩き、自分の眼でみることによって、その知識は体験となる、言うまでもなく、体験こそは、かけがえのない教育である」

と記述されており、その精神は今も受け継がれています。つくられた当初は、海外旅行が珍しかった時代で、若いうちに海外に行き、新たな視点を得ることが目的でした。この制度について当時、榊田喜四夫理事長は、あくまでも「人間づくり」が目的であるとした

うえで、「（経験者の）人材チェーンができる。やがて彼らが育って幹部になったときの力、これはとうていお金では買えない貴重な資産となるでしょう」と語っています。時間軸を非常に長くとった場と機会を与える人材育成戦略です。

現在においても、その目的は変わりませんが、行き先は国内外を問わず決めることができます。たとえば、「アメリカ横断でその地域性とイノベーション発生の原点を体験」したり、「東日本大震災の被災地の信用金庫を訪ね、その活動を実体験する」であるとか、「オープンファクトリーの研究に燕三条《つばめさんじょう》（新潟県）や鯖江《さばえ》（福井県）に出かける」など、多種多様なアドベンチャーが企画され実行されてきました。

旅こそまさに、「観察学習」と「経験学習」の宝庫です。仕事に関する目を磨くことも研修としては重要ですが、まったく仕事から離れて新たな職場で、新たな視点を獲得し、人としての思考の幅を広くすることは長期的には人間を成長させます。新たな視点、今までなかったような視点を頭で理解するだけではなく、身体で覚える経験学習に勝るものはありません。

仕事に直結する知識を身につけることを主とするのではなく、「思考の深み」「発想の拡大」の要素となる経験を主目的としている研修の実施は、すぐに結果が出るものではありません。企業側にも人材育成についての強い信念が必要です。教育は投資です。それも短い時間軸でリターンがある投資ではありません。それを継続して実施する。このこと自体が企業の人材育成への本気度を職員が感じるための強烈なメッセージです。

この種の研修が主旨を変えずに長きにわたり存在することは、職員への強いメッセージになります。すなわち、そこにいる職員は短期的な結果を重視するのではなく、長い目で何かをつくっていくことを企業が望んでいると実感し、そのスピリットを自分のこととして、受け入れるのです。

第5章

「待つ」姿勢がビジネスを生む

あいまいさに耐える力「ネガティブ・ケイパビリティ」

1 あいまいな時代に「勝利の方程式」はないのか

さて、最後の補助線について説明していきましょう。これは能力に対して引きます。リーダーシップにおける能力の中枢は「決めること」と「配ること」です。「配る」という行為は文字通り行動をともない、「決める」という行為は頭の中で行う行為です。今後、個人が自ら意思決定をし続ける場面がより多くなるでしょう。

前提として、第3章で説明した「集合知」を身につけることは不可欠です。今までの成功体験からくる行動の規則が当てはまらなくなっているからこそ、1人で立ち向かうよりも集団の知恵を上手く使うことで、フレシキブルに課題に対応することができるからです。

集合知を身につける、あるいは自分の知を他人のために提供することは、ネットワークを通して成り立ちます。ネットワークは新たな情報を与えてくれるかもしれませんし、自分がどのように周りから見えているのか、という自覚がない「自己について」教えてくれる可能性もあります。普段と違うネットワークとつながると、「異なる自己について」情報が手に入ります。それは今まで気がつかなかっただけで、自分の本当の姿かもしれません。

ただ、繰り返しお話している通り、今までとは異なる考え方や視点を持つ人たちから情報を得たとしても、それをどう解釈するかは、その人次第です。当然のことですが、ネットワークにつながることが目的なのではなく、ネットワークをつなげてやりとりをすることが重要だからです。では、つながる先にあるものと、どうやって出会うことができるのでしょうか。

あいまいな時代は勝利の方程式がない、未来が過去の成功体験の延長線上にないため前例踏襲でやり過ごすことがむずかしい。これが大きな特徴です。常に多くの意思決定を求められますが、予測がしにくい環境の中で、多くの意思決定をするということは大きなストレスをもたらします。加えて、新しいネットワークにつながること自体に、ストレスを感じることも多いのです。

ストレスのある状態とは、何らかの事象に対して人が「何らかの負荷がかかっている」と感じることです。人の生体状況、心理的状態によってその感じ方は違います。[24] ストレスが人にどう影響するかについては、今までに多くの研究がなされてきました。特に、仕事においては、同じ事象に対して、自分の成長に結びつく「良いストレスとして位置づける人」も、その逆の「悪いストレスとして心や体を病んでいく人」も存在します。

――ネットワークには、ストレスがセットでついてくる

新しいことは、予測ができない部分が大きいのでストレスが強い。それに比べて、いつものメンバー、いつもの職場、いつもの仕事の状態で働くことのストレスは、初対面のメンバー、新しい職場、何が起こるかわからない仕事で働くよりも圧倒的に弱いのです。もちろん、前者の場合、職場メンバーの人間関係が良ければという大前提はあります。

ただ、いつもの状態が常に続いている企業からは、圧倒的にイノベーションは生まれにくい。なぜかと考えると、環境が安定してしまって、新しいことをする必要を特段、認めないからです。イノベーションの多くは「こうあると便利だ」「これが足りない」など現状へのある種の飢餓状態から発生します。安定して現状に満足している状態からは発生しにくい。あえて安定を崩して何かやることへの心理的ハードルも高くなるのです。

しかし、潮目が変わる時代では、今までのような安心できる環境にとどまっていること自体がむずかしくなってきました。人口減少と国力の低下に悩む日本の企業にとって生き残る道は、イノベーションを起こし、新たな市場に進出し、突破口を探すことこそが求め

られます。つまり、新しいメンバー、新しいネットワークから入ってくる集合知は、イノベーションを起こす重要な要素なのです。

2 「拙速さ」を相手に過剰に求めない

このような環境の中で、人は何を身につけ、どのように振る舞えばいいのでしょうか。

経済産業省「未来人材会議」が示した2050年に必要な能力の比較[25]を見てみましょう。社会変化に加速度がついて進行するだろうという予想が明確です。2015年において重要とされた注意深さ、真面目さ、信頼感などといったものはまったく登場しません。スピードすらも、です。

「早さ」と「明確さ」の二つは、今までのビジネス環境で最も評価されてきた能力でした。早く部下に仕事を分配する。早く意思決定して次のことをやる。単位時間あたりの効率を上げる。リーダーシップという観点から見れば、部下がより良く仕事をするための環境を上司がつくることが評価されます。よって上司はわかりやすく断言的に、素早く指示をすることが求められてきたのです。リーダーがわかりやすい説明をし、スピード感を持って実行することは、複雑に絡み合ってさまざまな境界線がわかりにくい時代であるからこそ、貴重とされ、有用とされてきました（Tichy & Bennis, 2009）。

何が起こるのかわからない中では、強い力がある人、断言するような人に対して、憧憬やそれらの振る舞いを好ましいと思う人たちがたくさん出てきたのも理解できます。明快さや断言は、目の前のあいまいさを軽減するように見えるためで、周囲に安心感を与える効果を持つのです。

今まではかっこよく言うと、「要素還元主義的なアプローチ」が好まれました（Kauffman, 2008）。目の前の現実を小さく分解していき、その構成要素や、階層構造を見つけ出すことによって、自分がコントロールできる範囲まで、課題を小さくする。

一方、何が起こるか不明で、時代の潮目が変わってきている状態は複雑です。求められるのは、「深く考えた質の高い対応策」です。今後、どうするのかというような長期的な戦略についての意思決定の場合は、世の中の複雑さに真正面から対応する必要があります。目の前の事象を分解し、コントロールできるものを重視するというやり方が有効でない場合も多く発生します。多くの意思決定者は、混沌の中で対応のスピードを求められ右往左往してしまう現実があります（Senge, Scharmer, Jaworski & Flowers, 2005）。

現在、最も求められるのは、「複数の並行した思考と対応」です。まずは、目の前のことに対応しなくてはなりません。現状では、長期的な視点だけを考えておけば良い環境にある人たちは稀です。リーダーシップをとらなくてはならない多くの人は、長期的な展望を考えながら、目前の対応を行う。極めて忙しいのです。しかも、対応をしながらも事態を拙速に判断せず、長期的な視点から現状を理解し、考えることが求められます。

観察しながら考える。今まで考えてみなかった方向からも多くの選択肢を考える。多くの思考実験が必要です。新規事業を評価するときや大きな資産を売却するときは、

図表5-1　2050年に必要とされる個人の能力

2015年

注意深さ・ミスがないこと	1.14
責任感・まじめさ	1.13
信頼感・誠実さ	1.12
基本機能（読み、書き、計算、等）	1.11
スピード	1.10
柔軟性	1.10
社会常識・マナー	1.10
粘り強さ	1.09
基盤スキル※	1.09
意欲積極性	1.09
⋮	

※基盤スキル：広くさまざまなことを正確に、早くできるスキル

2050年

問題発見力	1.52
的確な予測	1.25
革新性※	1.19
的確な決定	1.12
情報収集	1.11
客観視	1.11
コンピュータースキル	1.09
言語スキル：口頭	1.08
科学・技術	1.07
柔軟性	1.07
⋮	

※革新性：新たなモノ、サービス、方法等を作り出す能力

出典　経済産業省「未来人材ビジョン」2022

この視点が求められるでしょう。

複数の並行した思考と対応をするときは、拙速に判断しないことがもたらす、あいまいさに耐える力を養うことです。２０５０年に必要な能力上位の「問題発見力」「的確な予測」を充分に発揮するには、この不安定な状況に耐えながら、的確な状況把握と俯瞰的な考察が不可欠です。

――白黒をはっきりとつけない「ネガティブ・ケイパビリティ」

このような環境に耐える能力を持つ中で、ネガティブ・ケイパビリティと呼ばれる能力が必要となります。次のようなシーンを想像してみてください。

新規商品のアイデアが上がってきました。着眼点は悪くはないのだけれども、どうもピンとこない。しかし、そのピンとこないことを言語化するのがむずかしい。とは言え、ともかく新規商品をつくり、できるだけ早く業績を上げたいメンバーは、出てきたアイデアに飛びつき、案件を進めたがっている。さて、どうしたものでしょうか。

ネガティブ・ケイパビリティは、「どうにも答えの出ない、どうにも対応しようのない事態に耐える能力（帚木, 2017)」のことです。人には「こうするべきだ」という方針があり、その実現のための行動の規則を持ち、普段は行動しています。「こうするべきだ」とラベリングをすると、もれなく行動の規則が形成され、実行のための階層構造が現れます。方針が決まっていて、それに基づいて行動しているほうが、人にとっては「ラクな状態」だからです。ネガティブ・ケイパビリティは、「こうするべきだ」をすぐに決めずにやり過ごす能力のことです。

ピンとこない新規商品のアイデアをその場で決裁せずに、いろいろな角度から考えてみることが必要でしょう。しかし、ピンとこないからと言って、すべてを否定するのではなく、なおかつ業績がほしいからと言って拙速に進めるわけではない。場合によっては、他の視点を持つメンバーに聞きに出かけてもいい。あいまいさに耐えながら、より良い結果を模索し続ける。このような状態に耐える能力が、ネガティブ・ケイパビリティなのです。

たとえば、お客様が新しい設備を購入するかどうか迷っている。できる限りの情報を集めて、ともに考えてきました。「新しい設備を買ったほうがいい」ということは、お客様が言い出したことで、金庫内で融資のためのすべての稟議も通す手はずもつけました。しかし、最終的にお客様は決められないのです。お客様は家族の慢性的な病気で心を痛めていて、大きな意思決定をする余裕がないことがその理由でした。

一方で、こちら側のことを言えば、すでに社内にさまざまな種類の内諾《ないだく》を得ており、融資の決裁を今月にしたいと思っている。しかし、この状態では黙ってお客様に寄り添っている以外にできることはないと考えています。製品の特性や資金繰りのことについて示すなど、相手が決めるための手助けは示したあとで急かすのではなく、ただひたすら、どうなるのかわからない状況に耐えて、待っている。寄り添っている間も頭の中では、多くの思考実験をしています。この状態がネガティブ・ケイパビリティを持って寄り添っている状態です。白でも黒でもない。買うか買わないかわからない。何とも言えないグレーの時間を耐える能力です。

3 なぜ、ネガティブ・ケイパビリティが重要なのか

なぜ、このネガティブ・ケイパビリティが、ビジネスの現場で重要なのでしょうか。

非定型に変異する環境に私たちが置かれているからです。人にとって目の前で起こる事象が理解でき、分類できるという状態であれば、心理的にしっくりします。心の中の収まりがいいのです。人はわからないものを前にすると、心の中の収まりが悪くなります。こ

れを認知的不協和[26]と呼びます。
目の前の不確実に推移する事象に対して、自分の知識範囲との類似性を見つけ出し、何らかの断定をして対応するほうが、ラクな選択です。しかし、環境変化の潮目が変わる中では、今までのやり方で断定できない事象が現れます。断定することが得策ではない場面が多く発生するのです。
ケイパビリティ（capability）は、日本語では能力、才能、手腕、適応性、素質、戦闘力の意味があります。[27]余談ですが、経営学の分野では、最近ケイパビリティという言葉がはやりで、「組織の持つ企業成長の原動力となる能力」といった意味合いでよく使われます。ネガティブ（negative）は、否定、非妥協、不賛成という意味で使われることが多いのですが、「消極的な、前向きでない、成果の上がらない」という意味も持ちます。ネガティブ・ケイパビリティ（negative capability）はこの場合、「成果の上がらないことに注力することができる能力」という意味です。[28]
ネガティブ・ケイパビリティは、詩人のジョン・キーツが編み出した概念です。キーツは、シェークスピアのような偉大な詩人や文学者はネガティブ・ケイパビリティ、つまり、事実や理由に対して拙速に手を伸ばさず、不確実さと懐疑、神秘性のなかにじっと存在しつづける能力を持つと、弟に当てた手紙に記しています。すぐに決めるのではなく、不確実さ、あいまいさの中で自らの作品を凝縮させ、芸術にまで昇華させているというのです。その後、精神分析医のウィルフレッド・ビオンがこの概念を発展させました。

Ou（2009）が、「ネガティィブ・ケイパビリティは感情や想像力をはたらかせ、真実に到達するための能力」としているように、何らかの本質に到達するための能力です。良いことも悪いことも、すべての多様性を受け入れ、新たな考えを生み出す能力（Bate, 1963）です。

平たく言えば、ネガティィブ・ケイパビリティは、白黒つけるのではなく、灰色の中でただよいながらも新たなアウトプットを生み出すための能力です。思考停止のままやり過ごしていることでは、決してありません。いろいろな角度から考え続ける。

ネガティィブ・ケイパビリティを学問として、横断的に研究したSaggauth &Thakur（2016）は、「不確実性とあいまいさのある状態を享受できること、拙速に事実を追求して答えを求めないこと」が中心的な概念であるとし、偏見を排除し、オープンマインドでいることが重要だとしています。

経営学の世界でも、最近、ネガティィブ・ケイパビリティに関して、少しずつですが光が当てられるようになりました。French（2011）は、「あいまいさやパラドックスと共存し、それを許容する能力」として、自分の感情や体験に寄り添い、中立なゾーンに感情を置くことが重要としています。むずかしい時代に対応するために、この考え方を身につけることで、状況の新しい意味を考え、考えたことのない理解のしかたをすることが可能になる（Simpson et al., 2002）と、指摘しています。

新たな視点や考え方の獲得——既存の「こうするべきだ」の枠組みにこだわらないこと——によって、ビジネスパーソンがより自由にものを考え、自由に共有することが可能になり、結果的に組織の活性化につながることを示唆しています。

——「経済合理性」とは異なる視座が求められている

ネガティブ・ケイパビリティの重要性をビジネスパーソンに説くと、最初は懐疑的になります。それは理解できます。ネガティブ・ケイパビリティは、今まで信奉してきたビジネスの大原則である「スピード重視」と正反対にある概念だからです。

そもそもネガティブ・ケイパビリティに限らず、能力と呼ばれるものは、一見してわかるものではないことが多いのです。しかし、ビジネスの現場では、見た目であるとか、販売能力であるとか、対人コミュニケーション能力であるとか、人とのやりとりで比較的、すぐに結果が可視化できるものが重視されます。ビジネスの現場で必要とされる能力は、ビジネス書を読んでも、世の中に数多ある研修の磨くべき能力の一覧を見ても、確実性とスピード、意思決定や分析力などを含めた業務遂行能力のことです。これらの能力は業績となって否が応でも可視化されますからわかりやすいのです。

そんな理由から、多くのビジネス研修やビジネス書と言われるものの内容のほとんどは、業務遂行能力を磨くことに視点がおかれています。目に見える成果を上げるためのいわば短期的視野に立った能力を向上させること、特に迷わず意思決定をし、明確な道筋を見出して周囲に指示する能力を上げていくことのほうが、あいまいさに耐えてやり過ごす力を養うよりも明確で、わかりやすく理解されやすいからです。

業務遂行能力の中心にあるのは、コントロールの概念です。状況、制度、人、資源などをコントロールし、企業の目指す「こうするべきだ」を実行し、アウトプットを出す。コントロールするための能力を磨き、そのための知識を蓄えることが、人々には強く求められてきました。ですから、みなさんがその対極にあるネガティブ・ケイパビリティが重要であると突然言われたとしても、「なぜ?」と思うのは、不思議ではありません。しかし、あいまいな時代、急激に変化が起きる時代には、集合知を駆使することが、重要な武器になります。

集合知を得るには、時間を要します。構築したネットワークから有意義な情報を得られるようになるまでにも時間がかかります。そして、もたらされる情報も、わかりやすい形ではやってきません。新しいネットワークからの情報をもたらす相手は自分の今まで接した人とは違うタイプの人かもしれませんし、その人が発する言葉は解釈の力や分析の力を必要とするかもしれません。人間は得体の知れないものに対してストレスを覚えます。

「こうするべきだ」を決めて、自分の中で分類するという行為は、実は湧き上がるストレスから逃れる効用があるのです。スピードのある対応はビジネスの金科玉条《きんかぎょくじょう》です。対応を決めない状態は、認知的不協和に人間を陥らせます。純粋に居心地が悪いのです。人間は認知的不協和を解消しようという行動にでますから、「こうするべきだ」をラベリングし、何らかの対応行動に出ようとすることが、心理的にラクなのです。

しかし、集合知の果実を得ることと、安易に「こうするべきだ」をラベリングすることとは相反する行動です。自分の守備範囲内だけのラベリングからは、新しいことは生まれてきません。ビジネスの現場で「最終的にどういう状態に持っていきたいのか」「どのような行動を自分がとりたいのか」がわかっている場合は、業務遂行能力の範囲で対応できるかもしれません。

予測がつかない未知の環境の中にいた場合にはどうでしょうか。「最終的にどのような状態に持っていきたいのか」に対して、「企業として生き残りたい」、などの根源的なことしか思い浮かばない場合や、どう手をつけて良いか検討もつかない場合に、拙速に何かを自分の知っている範囲で決めて行動することには大きなリスクがあります。

「群盲象《ぐんもうぞう》を評す」[29]という言葉がありますが、自分の知っている範囲だけで判断すると全体像がわからないということは、案外多くあるのです。ネガティブ・ケイパビリティはグレーな状態をやり過ごしながらも、希望を捨てずに状況を楽しみ、思考実験を続ける能力です。そして全体を理解するまで待てる能力です。

結果的に事態をコントロールすることになるわけですが、今まで重視されてきた業務遂行能力[30]のように可視化できるとは言えません（もちろん状況によっては可能ではありますが）。

一歩引いて、組織の視座から考えてみましょう。この力を人びとが発揮しているときは、多様な視点、具体的に言うならば、今までの常識にとらわれていない視点からも、多様な思考実験がなされている状態です。

組織全体からすると、集合知というまでの確固たるものが形成されているのではないにせよ、さまざまなアイデアや知恵の断片が無造作に寄せ集められている状態です。実際にビジネスの現場で役に立つかはわかりません。しかし、この状態は組織にとって多くの機能、見えない資産を持っている状態そのものです。

組織が使わない機能や資産を多く持つことは、環境が変わったときに役に立つための余白を残しておくということです[31]。経済合理性の観点から考えると、この余分はムダかもしれませんが、一方で未来への保険だとも考えられます。

4 業界の常識を覆した「京都信用金庫の覚悟」

ネガティブ・ケイパビリティは、瞬発力を求めるものではありません。その効力は比較的長い時間軸をとったときに、はじめて認識できます。そこで、本来の金融機関の仕事のやり方から逸脱した対応を担当者が行った京都信用金庫の典型的な事例を紹介します。これらの事例から、ビジネスの現場におけるネガティブ・ケイパビリティが発動しやすい組織について考えてみましょう。

・廃業をやめる――食品製造会社F社の社長が急死したあとの決断

京都信用金庫H支店の取引先のF社は大きな食品製造会社です。自社の工場を持ち、お土産屋や飲食店、専門店への販売を長くやってきました。ところが、リーマンショック後の景気減速や消費税の引き上げなどさまざまな要素が重なり、ここ数年は返済猶予対応を行っていました。積み重なった負債が大きいことに加えて、売上が毎期減少傾向にあります。また、工場も老朽化しており、何をするのにもまず、工場の建て替えをすることが急務でした。

新しく担当になったTさんは、経営改革の必要性を社長に粘り強く説きました。状況の悪化とともに、しばらく専門家の支援を仰ぐこと、いっしょに経営改善の計画書をつくることに、ようやく社長が前向きになりました。これから再生に向けてスタートしようとしていた矢先、社長が急死します。Tさんは、社長が亡くなる直前の面談で、「この先のことを頼む」と言われていました。

後継者のMさんは娘婿で、社長とともに事業を支えてきました。しかし、新型コロナウイルスが猛威を振るい、観光需要がまったくなくなり、ただでさえ厳しい売上は大打撃を受けていました。加えて先代からの負債が重くMさんの肩にのしかかります。

Tさんは何度もMさんのもとを訪ねます。先代社長の死後、しばらくの間、Mさんは「しんどい。このまま負債だらけの会社を継ぐつもりはない。妻にも、相続放棄をさせようと思っています」と言っていました。コロナ禍はますます混迷を極めます。Mさんは心理的にも追い込まれていきます。

Tさんは黙って話を聞きます。そして、いろいろと考えます。苦しんで心が血を流しているような状態のMさんに事業の継続をすすめることも、積極的に廃業をすすめることもできませんでした。ただただMさんの思いを聞き、何がMさんにとって最良の選択なのかを考えていたのです。

そんなある日、Mさんは混迷するコロナ禍の社会状況の悪化と負債額の多さに恐れをなして、相続放棄をしたうえで、廃業する方針を固めます。Tさんは、その意思決定に寄り添い、Mさんが少しでも有利になるように廃業のプロセスの確認を進めていきました。長く続いてきた事業をやめるのですから多くの手続きを要します。継続的にF社を訪ね、話を聞いているうちにMさんは少しずつ元気を取り戻していきました。

ようやく廃業に向けて順調に動き出したところで、今度はMさんが悩みはじめます。多くの人たちが、自分たちの商品を愛してくれていることを実感する経験を立て続けにしたのです。加えて小学生の息子が、「僕は大きくなったら家業を継ぎたい」と夢を周囲に語っていることを耳にしました。自分も家業を継ぐために婿養子になったことを思い出したのです。

立ち止まって、じっくりと今までのことを考えると、先代社長の商品への思い、自分の事業への夢、お客様の顔、さまざまなできごとが堰《せき》を切ったようにMさんの心に満ちてきました。しばらく悩んだあとに、息子の代まで事業を残したいと事業承継をする意思を固め、Tさんに相談します。Tさんは黙ってその思いを受け止めました。

それからのTさんの行動は非常に早かった。事業を継続し、発展させるためには、工場の建て替えが急務でした。その上でHACCAP[32]対応も行う必要もあり、国のウィズコロナとポストコロナ時代の事業再構築補助金を申請し、工場の新設をすることを提案します。この申請も無事に採択され、ようやくMさんは一息つくことができました。「苦しいときを支えてもらい、勇気をもらった」と、Tさんに心からお礼を言います。

一方、Tさんは支援の手を休めませんでした。新商品開発にも着手し、近くのY支店と新商品開発共同プロジェクトを立ち上げ、新商品を提案しました。これがMさんの新社長就任後の新しい取り組みの一つとなり、商品化されました。

・合わせて167歳の思いをつなぐ――後継ぎ不在の老舗呉服業K社の決断

N支店の取引先のX社は、創業80年を超える呉服業で、社長・副社長の年齢を合わせて167歳。従業員の大半が60歳以上という企業です。皇室の方々のお誂えの着物を多く納めてきました。何とかこの企業を残したいという思いはありますが、後継者がいませんでした。

担当のSさんは、皇室御用達の仕事を京都に残したいという社長の思いをひたすら受け止めます。日本の民族衣装である呉服を後世につなげたい。自分たちのブランドを京都で守りたいという強い思いが、X社のX社長の口から漏れてきました。

そこでSさんは、京都信用金庫の持てるすべてのリソースを使って候補を探します。できる限りの社内のネットワークを使って、相手を探そうとします。ところが、決まりません。M&A業者に頼んで全国規模で譲渡先を探すのは、X社長の意図と違うことが明らかでしたので、あえてしませんでした。何度かお見合いを繰り返しますが、「踏ん切りがつかんなぁ」「皇室への衣装提供は、この会社には荷が重すぎるんやないか」と、X社長にとってピンとくる相手がなかなかいません。自分たちの愛着のある商売を譲渡する相手としては決意ができませんでした。京都ならではの古い創業年を誇る老舗企業からは、コロナ禍で事業を引き受ける余裕がないと断られました。

Sさんはそれでも自分の考えを押しつけることもなく、ひたすら話を聞きます。すでに、事業譲渡の話が出てから2年近くがたちました。老舗企業から断られた段階で動揺もしましたが、あきらめずに京都信用金庫の持つネットワークを探し続けます。コロナ禍の真っただ中で、事業譲渡のタイミングとしては、決して良いとは言えませんでした。

そんな状況もあり、X社長の頭の中に廃業の文字も浮かんでは消えているのを感じはじめたある日、京都信用金庫本部の事業後継ぎ支援を専門とする部署「事業アトツギ支援部」の尽力や本部部署同士の横の連携によって、お客様Y社のY社長の名前が有力候補として浮上します。先方の手応えも悪くありませんでした。Sさんが蒔いていた種が、支店の枠を超えて発芽したとも言える瞬間でした。

交渉は進みましたが、今度は条件面で難航しはじめます。贅沢に素材と時間を使ってつくることよりも、コストを意識した経営と営業形態への変革を求めるY社のY社長と、ムダな部分もあるからこそできあがった質の高いブランドであるという自負を持つX社長との間で、交渉が難航します。Sさんは、当時のことを振り返って語りました。

「X社長は交渉の中で、ある意味これまでの自分の商売を否定されている心境にもなられ、『廃業もしゃーないんとちゃうやろうか』とつぶやかれることもありました。その都度、決して諦めてはいけないと思いました。X社長の売り手側のセンチメンタルな気持ちをひたすら励まし続けました。これは京都信用金庫としての意地とこだわりでした」

その後、じっくりと時間をかけて両方が着地点を見いだし、株式譲渡方式による事業承継が成立します。社長には、Y社社長の長男であるRさんが就任し、X社が再スタートしました。新たな若い感性を加え、伝統が脈々と受け継がれたことを関係者は嚙み締めたのでした。

・職人肌の甥が継ぐ――食品会社C社の決断

ある日、C食品工業の社長が急逝しました。取締役であったC夫人が急遽、代表者として就任しましたが、71歳と高齢のうえC社では営業と経理の経験しかなく、会社の今後は工場長である甥に任せたいという意向を持っていました。京都信用金庫はメインバンクではありませんでしたが、Q支店のJさんは、C夫人を訪ねてお悔やみを申し上げるのと同時に、状況について話を聞くことにしました。9月の終わりのことでした。

C夫人は堰を切ったように現状が不安であることを話しはじめ、自分は、ワンポイント・リリーフ以外の社長はできないこと、後継者と考えている甥は職人気質なため、社内でコミュニケーションがとれていないこと、そして先代が推進してきたOEM製造（メーカーが自社ではないブランドの製品をつくること）に加えて、新製品の開発にも積極的であると訴えました。

こうした背景から、メインバンクは甥への事業承継よりも事業売却を勧めてきていると言って、下を向きました。特に、C夫人は亡夫も自分もやったことがない新製品の開発に不安を覚えていました。

そこでJさんは後継者である甥（Lさん）に話を聞きました。Lさんは突然に振ってきた後継であること、社内では孤立無援の状態であること、現状維持のままでは事業が立ちゆかなくなるのは自明で、自社ブランド品をつくりたいこと、などを語りました。

Ｊさんは双方から何度か話を聞くと同時に、11月に2人が話す場を設けることにしました。第三者であるＪさんがひっそりと見守る中で、初めてＣ夫人とＬさんは本音をぶつけ合いました。身内だからこそ言えなかったこと、言わなかったことを徐々に口にするようになり、長い時間をかけてゆっくりと心のうちを語り合う対話をしました。そしてＬさんが後継し、ＯＥＭ製造に加えて新製品の開発をしていくという方針で、最終的にはお互いが納得しました。

やりとりを見守っていたＪさんが口を出したのは、着地点が見つかってからでした。今後のＬさんの経営者としてのトレーニングを行うことを提案し、力になることを表明しました。Ｊさんは、Ｌさんと財務諸表の見方や社長として必要な数字の読み方について一緒に勉強することにしました。その後、Ｊさんの声がけで、関東在住のＣ家の長男とＬさんがオンラインで話し合い、了承と納得を得て1月にＬさんは社長に就任しました。

Ｊさんは、どの場合も見守り役に徹しました。Ｌさんに肩入れすることもなく、淡々と話を進めていました。その後、新社長になったＬさんは今までのＯＥＭ製造に加えて、新製品の開発を行うことを決意します。Ｊさんは、これについても商品の展開と販売経路についての相談にのり積極的に関わります。京都信用金庫の持つビジネスマッチングのしくみと、職員からの多くのアイディアを募り支店全体でサポートします。そして新製品のポップアップストア（数日から数週間ほどの短い期間限定で、開設されるお店）を実施することになりました。

Ｌさんがつくった新商品は人気で、全員が胸をなで下ろしました。自社製品の開発と販売の一連のプロセスは、社員にも変化をもたらしました。直接販売することでお客様の生の声を聞き、それを理解することでモチベーションの向上にもつながり、新たな門出となりました。同社は今までのＯＥＭ製造と自社製品の製造販売を両輪として順調に業績を伸ばしています。

――なぜ、京都信用金庫の担当者は、相手の決断を待てたのか

ネガティブ・ケイパビリティを発揮したと思われる事例には特徴があります。

①早い段階で「これでいい」と決めつけない

白黒をつけない状態を我慢することは、ネガティブ・ケイパビリティの本質ではありますが、ビジネスの場面では長い間、理解されませんでした。そもそもビジネスの成功はス

ピードを善としてきたからです。

三つの事例においても、金融機関として、利益の最適化を図り、一般的な金融機関における本人の評価を上げようとするのならば、自分たちが主導して京都信用金庫の利益が最大化するように働いたでしょう。早く意思決定をして、相続放棄と廃業を決める。保険金を使って、できる限りの返済を求めて、早急なM&Aで事業の売却を求めたかもしれない。

これら一連のスピードのある対応は、金融機関にとって不良債権化を防ぐために合理的なやり方です。時間をかければかけるほど、貸出のコストもかかります。不良債権化のリスクも高まります。

食品製造会社F社のケースでは、長年の返済猶予対応をしていた取引先であり、早く意思決定をすることが定石でした。K社においても、当事者が高齢で譲渡を決めている以上、相手を説得して、取引を成立させたほうがリスクは低下します。C社のケースは、メインバンクではありませんから、早期の介入は不要でしたが、リスクの軽減という意味では早い意思決定を促すことが、金融の教科書通りのやり方でした。

しかし、全員が早い段階において白黒つけない対応をとりました。気持ちが落ち着き、自分の意志で将来を意思決定できるまで、納得して商いを成立させようとするまで、金融機関側から引導を渡すことをしませんでした。

共通しているのは、判断を我慢しながらも、相手に寄り添い、その話をていねいに聞いていることです。このひたすら話を聞くということは、その後の然るべき時期に、自分の対応としてアウトプットするための情報を収集していることと、同義でした。

②相手のことを「待てるしくみ」を持っている

「お客様に寄り添う」というのが、おせっかいバンカーを標榜する京都信用金庫の「こうあるべきだ」です。「スピードを持ってリスク案件を処理すること」よりも「お客様にとってベストなこと」を最優先で実施することが、彼らの「こうあるべきだ」の中心にあるからだと考えられます。

それを後押ししているのが、評価システムにノルマがないことでしょう。もしも評価システムがノルマを中心としたものであれば、営業の現場では週ごと、月ごとに、取引先から営業の数字を挙げることが行動の規則となります。スピードを持って早く意思決定をし、いくらかの手数料をいただくことを優先させたでしょう。

しかし、京都信用金庫では、その必要はありません。お客様に寄り添う時間的な余裕を持つことができます。加えて上司を含めて、支店内でも、金庫全体でも、口頭やイントラネットを通じたコミュニケーションで共有しているために、たくさんの視線でお客様を観察することが可能です。そしてお客様に対して多角的に考察をすることができます。その結果、機が熟す状態を確実に見極めて対応ができている。つまり、長い時間をお客様にかけることが許されるしくみを持ち、それが十分に機能していたと言えます。

③興味を持ち続ける、準備をする、思考実験を止めない

そして、課題を支店のメンバーをはじめとした京都信用金庫の関係者たちと共有しているために、どんな可能性があるのか。集合知を投入して考え、相手を見守ることが可能でした。

もちろん、各事例の担当者も、単に事態が変化するのを待つのではなく、自分もさまざまな事態に備えていました。決してあきらめることなく、あいまいな状態の中で相手に興味を持ち続け、思考実験を繰り返し、さまざまな対応を考えていました。

F社のケースでは急転直下で廃業から承継へと、当事者の心情が変化しました。しかし、180度変化した心情に対応できたのは、担当者が独自にさまざまな思考実験を繰り返し、

準備していたからです。

K社のケースでは、譲渡先をどんなときでも気にして周囲に自分が探していること、興味があること、必要なこととして、情報収集のフラグを立てて準備していました。そしてC社のケースでは、正式に後継者が決まる前から、次のステージである自社での販売に備えて、新社長の教育を含めて準備や金庫内の根回しを怠っていませんでした。いずれも、どういう着地点になるか明らかになる前にあらゆる手を打ち、準備していたことが共通しています。

5 働く人が能力を発揮する組織づくりのポイント

ネガティブ・ケイパビリティは、個人の能力です。しかし、ビジネスの現場においてその発出には、置かれている環境が大きく影響します。ネガティブ・ケイパビリティだけでなく、何らかの能力を社員に発揮してもらいたいのであれば、その環境を整えるべきです。

①長い時間軸での取り組みが許される評価基準

京都信用金庫の場合、「おせっかいバンカー」であることが共通の「こうありたい」で、それを実行するための人事評価システムが構築されています。

ノルマではなくお客様から喜ばれる行動をとることが評価の中心であった場合は、細かい営業の数字よりもお客様のことを最優先する行動を取ることが標準になります。京都信用金庫が長い時間軸で考えることが可能な環境にあるためです。そして、お客様を主眼に考えて行動することが結果として、自分の評価にもつながるのです。何もノルマが悪いと言っているのではありません。必要な場合も多くあるでしょう。大事な点は、会社の「こうありたい」と示すものが、評価システムと一致していることです。

②表面的な「こうするべきだ」に縛られない組織

ネガティブ・ケイパビリティは、どうにも対応できない事態をやり過ごし、あいまいさに耐え、そのプロセスの中で既存の知識体系にとらわれずに新たな事態を受け入れ、何らかのアウトプットをつくる能力です。

加えて安易に今までの枠にあてはめて小手先の対応をしないでいられる能力でもあります。この能力が発揮されるには、前述した評価システムと同様に、スピード決定で推し進めなくても、組織から罰せられることがないという安心感を一人ひとりが持てることが不可欠です。

紹介した3事例の京都信用金庫の担当者は、「信用金庫としての誇り」「やりきりたい」「お客さんのために」「この会社を失敗（廃業や倒産）させると地域のためにならない」という言葉を多く発しながら、当時のことを振り返っています。目の前のお客様が満足し、幸せな気持ちになれる取引であること、自分の直接的な利益ではなく長期的な視野に立って行動をしていること、その行動をすることに不安を覚えていないことなどが、共通していました。自分たちの行動について、社内における心理的安全性を持っていました。

もしも決められたマニュアルを遵守することや、新しい取り組みをすることを嫌ったり、嫌わないまでも新しいことへの取り組みを評価しないような組織だったとしたら、ここまで長い時間をかけて対応することはむずかしかったでしょうし、本人たちもあいまいさに耐えることはできなかったでしょう。

――「医療者の教育プログラム」に採用された注目の考え方

では、どうすればネガティブ・ケイパビリティを磨くことができるのでしょうか。

ネガティブ・ケイパビリティの重要性を世に知らしめた精神科医のビオンは、「医療者はネガティブ・ケイパビリティの能力こそが必要」だとしました。その流れをうけて医学教育においては、学生にネガティブ・ケイパビリティを向上させようと、文学研究をカリキュラムの一部に取り込む大学もあります（Wear, 2004）。

こうした背景には、ネガティブ・ケイパビリティを磨くことは、自らの人間性を磨くことと同義であると、考えているからです。さまざまな角度からモノを見られること、創的であること、あらゆることに興味を持つこと、ありのままを見つめること、そして判断したい欲望に耐えることなど、その一連の流れを意識することこそが、ネガティブ・ケイパビリティの研鑽につながる（Bulow& Simpson, 2022）のです。

ビジネスの現場に当てはめるならば、まずは、スピードを過剰に重視するがゆえに、既存のやり方に無理に当てはめて処理することを辞めることです。何が真の問題なのかを見極めることからはじまります。

もしも、目の前の解くべき真の問題が、自分たちの長期的な戦略に関連したやっかいな性質のものならば、短絡的に意思決定しないことを心することです。その課題と、課題にまつわるすべての事柄を、偏見なく観察し、頭の中でいくつもの因果関係を考え、多くの仮説をつくり、それでも決めずに観察をし続ける。最終的にどうなったら、関わる人たちが安心した気持ちになれるのかを考え続けるのです。ビジネスの現場におけるネガティブ・ケイパビリティは、熟思黙想《じゅくしもくそう》をし、最後に熟慮断行《じゅくりょだんこう》することです。その先には決めることと、行動があるのです。そのためにも、普段から多くのネットワークとつながり、それぞれのやり方や知恵を観察学習し、さまざまな情報を吸収しておくことが求められています。

---

24 生理学者のハンス・セリエは、ストレス学説の中で、ストレスはその質によって常によいもの、常に悪いもの、どちらにもなりえるものの3種類に分かれ、仕事やノルマはどちらにもなりえるものと述べている（Selye, 1936）

25 経済産業省「未来人材ビジョン」2022年5月に発表。ここでいう56の能力は労働政策研修機構「職務構造に関する研究Ⅱ」が示した「意識・行動面を含めた仕事に必要な能力」のこと。

26 フェスティンガーによって提唱された考え方。人間は矛盾した二つの認知がある場合に、その不協和を解消しようと変えやすいほうの認知を変えて協和しようとする行動をとること。

27 「小学館プログレッシブ英和中辞典」より。

28 ケイパビリティは、ビジネスの世界では「専門性や強み」という意味で使われる。

29 視野の狭い人たちが集まり、それぞれの観点から述べることで、物事の本質が見失われること。

30 業務遂行能力は「ネガティブ・ケイパビリティ」との対比で「ポジティブ・ケイパビリティ」と言う。

31 ノーベル経済学賞を受賞したアマルティア・センは、ケイパビリティ・アプローチとして、ある人が選択し得るすべての機能の組み合わせ情報を含んでおり、すべての組み合わせに着目することではじめて「何かをすること」「それをする自由」とを区別できるとする。

32 2021年から厚生労働省により、すべての食品等事業者に課される食品衛生管理制度のこと。Hazard Analysis and Critical Control Pointの略で国連の国連食糧農業機関（FAO）と、世界保健機関（WHO）の合同機関である食品規格委員会から発表され、各国にその採用を推奨されている。

第6章

「人に寄り添う」リーダーシップ

お客様の視点で意思決定を促す7つのヒント

か。

1 五感を使い「組織」を眺める

ネットワーク、コミュニティ、ネガティブ・ケイパビリティの先に何が見えたでしょうか。

そこにはそれぞれの組織が築き上げてきたものや、それぞれの歴史と置かれてきた環境と、人々によってつくられた、企業の強みが浮かび上がってきたはずです。組織の持つ強みは時代によって変化しますし、変化すべきものです。一つの強みがそのまま続くというのは実にむずかしい。過去の成功体験からくる自信に何の疑問も持たず、そのままの形で守り続けることとは再考の余地があります。

強みをより強化する。もしくは新たな強みをつくるために、どう自分たちの組織を変えていくのでしょうか。安易な解法のパッケージに飛びつかないほうが堅実です。あいまいさを我慢して、腰を据えて自ら考えることは避けられません。表面を取り繕うだけの改革では追いつかないのは自明です。自分を知り、自分の企業を知り、考える。そして試行錯誤しながら実践する。重要な点は、この時代を生き抜く経営をつくり上げるための、現状を正確に見つめ、分析し、長いスパンの指針を考えることに時間をかけて取り組むという態度です。

――「こうありたい」を生み出すために

人間は見たいものを見る生きものです。自分の「こうするべきだ」にとらわれすぎると、正しい現状を把握することができません。第1章で説明したカーネマンのいうシステム1の思考は、まさにパターン化された思考で処理する人間の特性を示したものでした。自分の考え方に即した情報を選択して、それをもとに行動の規則をつくり上げる。これは過去の成功体験の影響を多分に受けて形成されているため、多くの人に受け入れられやすいのです。過去の栄光は、傷つき疲れている心を癒やしますから。

しかし、雲容烟態《うんようえんたい》の中では、過去の栄光に基づく「こうするべきだ」は有効な対応ではありません。見たいものを見る、つまり見たくないものは見ないのです。そして多くの場合、見たくないものの中に未来へのヒントがあるのです。すでに、日本企業が得意であった予定調和では乗りこえることができません。勝利の方程式もない。前例踏襲しても上手くいかない。大事なことはそれぞれが自分の属する組織をさまざまな角度から考えて、これからの「こうありたい」を生み出す作業です。

本書では京都信用金庫をケース題材に、潮目が変わる時代のリーダーシップと経営について考えてきましたが、自分だったらどうするのか、と考えることによって複眼的なヒントやアイデアを体得できるのは間違いありません。

2 二律背反をどう位置づけるのか

不安定に変化し、あいまいさを多く含む経営環境の中で、二律背反の性質を持ったいくつかの解くべき課題が浮かび上がりました。二律背反は、哲学者であるイマヌエル・カントの用語「アンチノミー」の訳語として知られています。それは「お互いに矛盾する二つのものが存在すること」を示します。

一般に二律背反の解決のしかたには大きく分けて、どちらかの命題に寄せるか、二つとも受け入れるか、より上位の概念で包むか、の三つがあります。ただ、これは理屈の話で、現実には多くがどちらかに寄せる方法で解決していることが多い。この方法は、寄せられなかったときに、歪みが残ることが多いのです。実際には、もがきながら最善の方法を探し、乗りこえようとして、結果的に取捨択一しているのが現状でしょう。

・最初の二律背反——守りながらもイノベーションを起こす

第2章で述べたように、一番大きな課題は、経営基盤となっている既存のビジネスを守りながらも新しいことに常に挑戦し、進化し続けなければいけないということです。京都信用金庫は、コミュニティ・バンクで金融業です。地域の企業や人びとから集めたお金を融資し、循環させる。地域の産業が成長するための血液の送り手としてあらゆる手助けをする。これが基本のビジネスモデルです。

金融は、経済活動の血液であるゆえに国の金融政策の制約を受けます。その生業として保守的にならざるを得ない。加えて、京都という地域が持つ強い保守性があります。

「よそさん」は、京都の人が京都以外からきた人を示す言葉です。「うち」と「よそ」の境界線が意識の中に明確にある。地元企業はコミュニティの輪を重んじますから、「うち」の他社がやっている市場や製品への競合参入を好まないという特徴を持ちます。

一方で、イノベーションへの渇望は高い。もともと保守的なマインドセットを持った人が多いにもかかわらず、新しいことを受け入れるという土壌があるため、多くの京都発の世界企業を生みました。人びとの保守的なマインドと、イノベーションへの渇望という二律背反の思いがあり、「イノベーションの小さな嵐」を継続的に起こしていくことが強く求められているわけです。

そんな中で、京都信用金庫は、「保守」と「イノベーション」という二つの相反した課題を地域コミュニティに徹底的に寄り添うことで解こうとしています。もともと地域のための金融機関としてスタートし、限られた商圏に多くの店舗を有するために、地域に対してきめ細かいサービスが可能なインフラはありました。そこに住む企業と人びとと、とてつもなく多くの会話と対話を重ねることによって、保守的な地域性を理解し、自分ごととして受け入れました。

そして対話の末に、人びとのニーズに応え、場合によっては本人が気づいていなかった新たなビジネスの種を見つけ、育てようとしています。

寄り添うためには、相手との圧倒的に豊かなコミュニケーションが不可欠です。人、会社、地域に重層的に張り巡らされたネットワークがそれを助けます。本人が「こうするべきだ」と思っている状況の認知は、他人の目から見ると違う形に見えるというのはよくあることです。米国の経営学者クレイトン・クリステンセン（2001）が、「破壊的イノベーションは大企業が見向きもしない小さな市場ではじまる」としているように、大都市圏ではない小さな保守的な地域はその商圏の視点から考えたときに、そもそもイノベーションが起こる要素を含んでいるのです。地域に寄り添い、多種多様な、そして多元的な視点でお客様を見続け、寄り添い続けることによって、何か新しい取り組みを生み出す可能性が生まれるのです。

・二つめの二律背反――地域コミュニティとグローバル

第1章でも述べたように、二つめの二律背反は、「うち」と「そと」ということで、ローカルとグローバルです。ＩＴ技術によって国境の存在が薄くなった現代においては、どこかのタイミングで企業はローカルである国内市場からグローバル市場に出ていこうとするのが定石です。人口減少に悩む日本においては、少なくともプロダクトの販売を生業にした場合は、グローバル市場は、遠いものではありません。

グローカル（グローバル×ローカルの意味）という言葉が示す通り、ここでも「地域コミュニティ」と「グローバル」という二つの異なった属性を持った市場に対応する必要があります。

成功のカギは、繰り返しになりますが、「ネットワーク」と「人材」です。文字通り、ネットワークは世界をつなぎます。世界中の商売先、相手先を探すには、一人の力よりはネットワークの持つ集合知の力が圧倒的に強い。よって、さまざまなネットワークを持つ人びとにアクセスできる場を組織の中に持つことは、重要な要素です。

一方で、グローバルと地域という二つを継ぎ目なくつなげることができる人材は、数が少ないのが現状です。これは、ほとんどの日本企業が抱えている問題でしょう。地域コミュニティを理解し、そこで十分に能力を発揮しながら、グローバルにおいても同様に目利きの力を発揮できる。他のメンバーがお客様とコミュニケーションがとれ、相手からの信用を勝ち取れる。この種の人材は数が少ないうえに、東京に集中しています。これが地方の企業がグローバル市場に出にくい障害になっていると指摘されてきました。現在も、それはある部分では事実でしょう。しかし、大きな変化が起きています。

そもそも働き方への意識が激変している中で、この種の人材を自社で育成し、抱え込むことを主たる考えとすることには、疑問があります。すべてを内製化、自前で抱え込むというのが、日本企業の行動の規則でした。しかし、人口減少の中でそろそろ限界が来ています。

　その種の能力を持つ人材のプールを外部に持ち、そこからプロジェクトベースで、または、仕事ベースで強くコミットメントしてもらう。こういった類のネットワーク型の組織編成を所与として取り入れることが、今後、すべての企業で必要になるものと考えます。もちろん、そのために仕事としてのおもしろさや、やりがい、金銭的報酬も考えなくてはいけません。

　京都信用金庫は、徹底的に地域コミュニティに場を提供するという戦略をとっています。実施しているさまざまな取り組みがネットワーク涵養《かんよう》の場となり、機能しています。QUESTIONであったり、商談会であったり、ビジネスマッチングなど、その発想は多くの人をつなぐ場を提供することで、そこからネットワークが偶発し、将来のビジネスチャンスにつながるという事象の発生確率を上げることです。

　グローバルとコミュニティの両方から信用を勝ち取れる人材も、集合知の中で探したほうが、成功確率は高い。それは、ネットワークを通じて紹介される際に、人となりや能力のスクリーニングが、ある程度なされてから紹介されることにあります。ネットワークがつながる場を提供し続ける。これは遠回りに見えますが、グローカルなビジネスを長い時間軸で見ることも不可欠なのです。ただし、時間と手間ひまがかかります。もっとも「風が吹くと桶屋が儲かる」的な要素があるので、場づくりを収益率で評価しはじめると機能しなくなる恐れは、高くあります。

・三つめの二律背反——ソーシャルとビジネス

第3章で述べたように、コミュニティの重要性は言わずもがなです。地域には、いくつかの共通部分があります。まず、それゆえに人びとの地域への思いはまだら模様で、大きく幅があります。心の寄りどころとしてとらえる人もいるし、そうでない人もいる。そして、リアルで会えるネットワークが重層的に存在している。興味深いのは、地域コミュニティという言葉を使った瞬間から、それは社会的な問題に区分され、非営利であることが、無意識のうちに前提になるということです。

社会がより良くなるための何らかの活動をすること、そこからビジネスをすることは、大きな二律背反を内在します。企業は利益を生むことが宿命だからです。お金を稼がなくてはいけないという意識を持つ人と、そうでない人が混在し、地域への眼差しに大きく温度差があります。特に日本では、社会問題に関わることは国と行政がやるものだという意識が強いことも影響しています。

しかし、地域コミュニティについて語るとき、社会的な問題解決ということがセットで扱われるようになりました。比較的若い世代を中心に、社会的課題の解決意識は高まっていますが、社会的な問題解決の本質はボランティアではなく、自走できるエコシステムをつくることです。思いだけでは、長く続きません。

「ソーシャル」と「ビジネス」という二律背反は多くの場合、良い社会をつくることに重点を置くか、営利性に置くかの均衡点を探すことで解決されてきました。均衡点がどちらかに偏ることは避けられない。まったく同等に、二つの問題を現実に解決するやり方が模索されています。

京都信用金庫のことで言えば、豊かでソーシャルな地域づくりを合い言葉に、「ソーシャル企業認証制度 S認証」や、「京信ソーシャル・グッド預金・融資」など、金融機関として積極的に社会課題解決に取り組んでいます。自らリスクをとって融資をして、血液である資金を地域の会社に循環させる活動をしています。

ソーシャル・グッド、社会的に良いことを起こす活動は多くの場合、すぐに結果が出ません。社会に受け入れてもらえるまでにも、売上がコストを超え、ビジネスとして軌道に乗るまでにも時間を要します。融資先が順調に隆盛するまでの期間をどのように財務的に補強し、ほかで利益を上げていくのかは、大きな課題になります。これは、地道にコミュニケーション豊かに融資先に寄り添って支援すること以外、特効薬のような解決策はありません。つまり、「ソーシャル・グッド活動」に舵を切った場合には、人材として自らのスキルを上げて寄り添い続けることが、不可欠になるのです。ここでも手間ひまかけて、長い時間軸を持つことが求められます。

・四つめの二律背反――「意思決定」と「あいまいさの受け入れ」

目まぐるしく変化し、前例踏襲がしにくく潮目の変わるときに、人びとは「意思決定をすること」と、あいまいで不安定な状態に「耐える」という二律背反を求められます。この二つは同時に求められる場合も、別々のタイミングで求められる場合もありますが、違う種類の能力を発揮しなくてはいけません。しかし、その磨き方は同じです。周囲の人びとの様子を観察して、実際に経験学習をすることです。そして思考実験を繰り返し、思考の幅を広げることです。

京都信用金庫では、「おせっかいバンカー」であることが、職員の最も重要な指針です。

おせっかいバンカーとして振る舞い、お客様に寄り添うという強い信念が二律背反の状態を受け入れ、客観視し、さまざまな思考実験をし、対応をしています。

二律背反の状態を乗り越える鍵は、個人に強い思いがあり、最終的に何を重視して、どのようになりたいのかという生き方や仕事人としての指針があることです。それが、すべての決定や行動の基盤となります。この基盤を育成することこそが、強い組織をつくるために不可欠な要素です。

3 「お客様の視点」を持つ7つのヒント

本書が考えるリーダーシップについて説明をし、京都信用金庫の取り組みに触れながら経営とリーダーシップについて考えてきました。補助線を引いた先からこれから重要となる7つのヒントが浮かび上がります。ここで整理します。

ヒント1　指針を明らかにする

最も重要な点は、劇的に変化する環境が目前にあることを所与として、何をしたいのか企業としてどうなりたいのかを一度立ち止まってトコトン考えてみる時間をとることです。京都信用金庫の事例では、危機に対応する中で自分たちの存在意義や、どのような企業になりたいのかということを徹底的に話し合い、地域コミュニティへの徹底的なコミットメントという原点に戻る意思決定をしています。

具体的には、徹底的な地域へのコミットメントにこだわり、それを実現するために密なコミュニケーションを行い、重視し、さまざまな施策をとりました。「おせっかいバンカー」「日本一コミュニケーション豊かな会社を目指す」など、京都信用金庫の表現の仕方は、キャッチーで職員の心に残り、そして理解がしやすい形になっていますが、その本質は地域コミュニティへのコミットメントの重視です（これは自分たちの存在意義を再確認と再定義をすることと同義でした）。

自分がどうなりたいか、企業としてどうなりたいかの指針は、リーダーシップ能力の構成要素である「決めること」と「配ること」の基盤となります。これがわからないと、変化するそれぞれの場面で軸足がないため右往左往することになるのです。

その指針は、個人の利益を最大化するものでは決してありません。利他的な要素が強く出ているもののはずです。スポーツは例外として、自分のためにだけ頑張っている人に対して、人は共感しにくい。他人のために頑張っている人に対して、人は共感も応援の気持ちも持ちやすいのです。

地域コミュニティを良くしたい。社会を良くしたい。国を良くしたい。社会的包摂（誰も排除せず、全員が社会に参加すること）を実現したい。自分も含めて誰かのためにという大きな視座を持った指針であることが重要です。個人と、企業人としての「こうあるべきだ」は言語化され、どんな小さな課題でもそれに基づいて行動してみて、初めて自分ごとになります。その機会を積極的につくることが求められます。

ヒント2　一人ひとりのリーダーシップがもっと重要になる

潮目が変わる中を生き抜くには、個人の力がより求められます。自分で意思決定することが今まで以上に発生し、組織を代表して、コミュニティを代表しての行動と意思決定をすることを余儀なくされる場面が増加するからです。意思決定には苦痛がともないます。加えて、過去の勝利の方程式が役に立つ確率は低い。そのうえでリーダーシップをとる。

自らその能力を研鑽することが必須です。リーダーシップの研鑽に必要となることが三つあります。

一つめは、何度も述べている意思決定の力を磨くことです。これは経験学習と観察学習を積むのが一番です。

二つめは、言語化能力を磨くことです。ネットワークが重層化し、多様な人とやりとりをするようになると、「阿吽の呼吸」は成立しません。丁寧に一つひとつ相手にわかるように言語化する。そして、相手と多くコミュニケーションをとる。このプロセスを大事にすることなしに、言語化能力は磨けません。

三つめは、俯瞰することです。リーダーシップの能力の基本である「配ること」は、全体を理解していないとできません。目の前にある情景は自分の解釈とは違うかもしれない。見たいものを見るのではなく、そのままを見る訓練が必要です。

ヒント3　チームをつくる、成功体験を意識する

人間の動機づけの源泉は成功体験です。小さな成功体験を積み重ねることによって自信を持ち、それがまた動機づけにつながります。大勝利の経験である必要はありません。状況が頻繁に変わる中で、「阿吽の呼吸」が成立しないメンバーと協働をする。そんな中でチームをつくり上げていくことになります。必要なのは効力感の発生です。小さな成功体験の積み上げで人は自信を持ち、変化する環境に立ちすくむことなく対応することができます。

ヒント4　フィードバックサイクルを意識して回す

成功体験はフィードバックサイクルがあることから回ります。何かの行動の結果を受け取って初めて人は成功を意識するからです。よって、フィードバックを意識して回すことは重要です。フィードバックは、多くの場合、コミュニケーションを通して手に入れます。もちろん、数値が結果として返ってきて、それで知るということもあるでしょうが、すべてではありません。褒められることも、小さな成功体験です。そのためには豊かなコミュニケーションを心がけることが必要です。

ヒント5　チェンジメーカーを孤立させない

もう一つ、チェンジメーカーが孤立しない環境をつくることも忘れてはいけません。わが国の企業は良くも悪くも、横並びを好んできた組織でした。出る釘を「寄ってたかって」打ってきた。しかし、はるか昔から気がついているようにそれではイノベーションはおきません。どこまでいっても居心地の良い保守です。サイロ化[33]が進みます。

重要なのは、チェンジメーカーを育てることです。そして、助けることです。チェンジメーカーの示したことをとりあえずはやってみるのです。

それには多くのコミュニケーションが必要でしょうし、自分たちの変化も求められます。何より変化には時間がかかる場合が多い。こうした先の見えないあいまいな状況を我慢する。ネガティブ・ケイパビリティを発揮することが、ここにも求められます。

ヒント6　人を育て続ける

どんな場合でも、人を育てることに勝《まさ》る重要なことはありません。やり方はいろいろあるでしょう。しかし、正解がないあいまいな時代の中では、個人の基礎能力を底上げすることが最も求められます。「観察学習」と「経験学習」が続けられる環境を企業側は提供すべきですし、個人は自分だったらどうするかという意識を常に持って自分を磨くことが必要です。

人は年齢に関わりなく、どんな場合でも変化します。これは頭に入れておくべきです。何かをはじめるのに遅すぎることや、早すぎることはありません。人間の能力に対する画一化された思考は、今すぐやめるべきです。

ヒント7　手間ひまをかける

長い時間軸をかけること、ネットワークをつくること、広げること、架橋すること、言語化能力を磨くこと、白黒をすぐにつけずに、グレーの時間を耐えながら思考実験を繰り返すこと。補助線の先に見えてきたものの多くは、今までの経営が好んできたスピードや、合理性や効率性と反対に移置します。すべてを手間ひまと時間をかけてつくることを求めます。潮目が変わり、何が正解なのかわからない時代だからこそ、手間ひまをかけることが必要なのだと考えます。手間ひまをかけるということは、時間をかけ、観察学習と経験学習をすることと同義です。これらの時間は、人と組織の基礎体力を上げることにつながります。

もう一つ言うならば、企業が変化しているとき、人も変化します。採用の基準と受験者の性質が変わるからです。昔の京都信用金庫の基準で採用した人と、今の基準で採用した人とでは、企業に求めるものも違うでしょう。社員の志向性にグラデーションがあるということは頭のどこかに置いて、育て続ける。長い目で見ると、社員以上の資産価値があるものはありません。潮目の時代の荒波を照らす光も、育った社員たちによってつくられるのです。

こだわらず、さまざまな方向から考える。ネットワークをつなげる、集合知を得る。そのためにはあふれんばかりのコミュニケーションをとることは、不可欠です。

「フェスティナレンテ——ゆっくり急げ」は、ローマ皇帝アウグスティヌスが座右の銘にした言葉です。ゆっくりと、しかし考え続ける。行動し続ける。潮目が変わったその先には、新しい風景が待っているに違いありません。

33 各部門や部署が使用しているシステムが孤立し、システムや情報の連携が上手くいかない状況のこと。

エピローグ　大切なのは「長い時間軸で考える」こと

京都信用金庫との不思議な出会いからはじまったこの本も、最後のページが近づいています。いにしえの都にある信用金庫の取り組みに、調査を重ねるごとに惹かれていきました。研究者として最高におもしろい研究対象に巡りあったと感謝しています。

特に、突飛な施策をしているわけではないのです。さまざまな取り組みは経営の王道を行っているのです。何が違うのか。一つは、その施策の組み合わせの巧さでした。地域コミュニティに貢献するという不動の軸足があるので、その実現のために短期的な利益を重視することなく施策を打てていることでした。二つめは、職員の地域への真剣度合いでした。京都信用金庫の職員が心の底からおせっかいに人や地域と関わろうとしていました。これは、経営学者の目からすると非常に不可解に見えました。正直なところ、最初は単なるスローガンで、調査者を前にしたポーズだと思ったのです。ところが、どう考えてもそのようには見えない。

不思議に思い、時をかえて榊田さんに「京都信用金庫の職員は何でおせっかいに本気なのですか」という質問をぶつけました。表現は、その時々で違いましたが、答えの根幹は常に一緒でした。「お客様に親身になることが、京都信用金庫の風土であるから」です。

「私が言うとかっこよすぎるのですが、そういう社内風土をつくることです。会社は人の集合体ですから、良くも悪くも、みんなの価値観、社内の空気感、こういったものが大きく事業の行く末を左右するものです。だから理念という形のないものを大事にすることが経営には大事なのです。こうした取り組みをしたいという空気感をみんなでシェアする。それこそが本来の理念に通ずるものではないかと考えています」

そして、なぜ、そのような風土を醸成できるのかという問いに対しては、

「懐の深い考え方をして本物を常に追求することが、お客様や地域と長くつき合うためには必要なのです。いつの間にか日本と日本の経営者は、短期的な利益だけを善とする考え方になっており、これは違うと思います。人として、お客様と向き合う。職場の仲間と向き合う。心を開く。そこから出てくる誠実さはお客様にも伝わります。理に叶ったことをきちんとやっていく。これが大事なのです。『あるべき姿』を経営者はつくり、後は黙っ

て見守っていきましょう。各自が自走できる環境をつくるのが経営者の仕事であって、そこからつべこべ言うのは、経営者ではない。みんなをその気にさせましょう。その原動力をつくり上げることです。そうすると、自分たちで何かをつくりはじめます」

学問的に言うならば、トップが進むべき方向を示して、後はメンバーの自己組織化を促している、というのが京都信用金庫のやり方です。あるべき方向性を示し、その後は自分たちでそれぞれが将来を見据え、考え、姿を変えて対応している。そして自己組織化を促すためには、短絡的に見てはいけない。手間ひまをかけたうえで任せることです。

「本物を生み出すということは、時間を必要とします。伝統工芸を考えてください。漆にしても、香にしても、焼物にしても、表で見えるものだけではなくて、裏にはレイヤーを重ねています。最終的に色合いとか、光沢を出している。それには五重、六重、もしかしたら、それ以上の色を塗り重ねている。そういうものからしか生まれてこない本物の輝きがあるのです。黒い色を出すのにも、緑を塗ったり、黄色を塗ったりして、最後には黒にするみたいに。これもそれぞれつながってはじめて出てくるものです。一人の天才がつくったのではない。経営も同じだと思う。それを今の日本は、生産性を上げるとか、合理的にするという言葉に変えて、手間ひまを惜しみ、本質的なものを結果的に見ていない」

強烈に印象に残っているのは、「なぜ、社会という視線で経営を考えるようになったのか」との私の問いに、榊田さんが実直に過去の負の時代の話をしたうえで、「絶対にあのようなことを起こしてはいけない。苦しいときに応援してくれた地域の人々やお客様や、頑張ってくれた職員を裏切るようなことは断じてやってはいけない」と決意を述べたときでした。「儲かってなんぼ」で自分の利益のみを追求するのではなく、「世のため人のため、その中で正当に儲ける」ということにあくまでもこだわると、力強く語ったのです。

京都信用金庫は壮絶な負の経験をして、それに実直に向き合い、なぜ発生したのかを冷静に分析し、どうすればより良い企業になるのかを時間をかけて皆で考えた結果であること、本気でそうしようと思っていることがストンと腑に落ちた瞬間でした。

私たちの国は今、まさに負の遺産に対峙し、乗り越え、新しい形を考え、あいまいな時代を生き抜いていく局面にあります。横並び、同調を重要な行動の規則として、答えらしきものを求めているだけでは対応できません。そして、生み出すには苦痛がともないます。

何かを生むために今までの道のりを冷静に評価分析し、データとして持っておかないと、次に進めません。そのうえで、どうしたいのかを考える。

京都信用金庫の辿ってきた道のりは万能の解決策ではありませんし、まだ結果が出ていないものも多くあります。しかし、この軌跡を追って、自分なりに咀嚼《そしゃく》し、自分や自分の会社に当てはめることで、新たな何かを生み出すためのヒントになると思っています。

組織は1日ではなりません。風土も1日ではつくれません。手間ひまをかけ、慈しみ、何度もやり方を試行錯誤し、自分たちなりの組織ができあがるのです。実は、このやり方は、かつての私たちの国が最も得意としてきたことでした。美術しかり、技術しかり。そして、私たちの国は多くの優秀な人的資源と知恵の集積を持っています。決してできない話ではありません。この本が読者のみなさんの新しい扉を開けるヒントに少しでもなれば幸いです。

著者

◉Edomondson, A. "Pcychological safety and Learning behavior in work teams," *Administrative Science Quarterly*,44(2),1999, pp.350-383.
◉中原淳・長岡健『ダイアローグ 対話する組織』ダイヤモンド社, 2009.
◉Schunk,D.H. "Effects of effort attributional feedback on children's perceived self-efficacy and achievement" *Journal of Educational Psychology*, (74), 1982, pp. 548-556.
◉高田朝子『危機対応のエフィカシー・マネジメント』慶應義塾大学出版会, 2003.
◉高田朝子『人脈のできる人――人は誰のために「一肌ぬぐの」か?』慶應義塾大学出版会, 2012.

第4章 「ネットワーク構築力」のセンスを磨く

◉Ennis, R. H. "A taxonomy of critical dispositions and abilities" In Baron, & Sternberg (Eds.), *Teaching thinking skills: theory and practice* (pp.9-26). Freeman.1987.
◉金井壽宏『仕事で「一皮むける」』光文社新書, 2002.
◉Kolb, D. A. *Experiential Learning: Experience as the Source of Learning and Development*, Prentice Hall. 1984.
◉McCall, M. W. *Highflyers; Developing the next generation of leaders*. Harvard Business Press.1988.
◉松尾睦『経験からの学習』同文館出版, 2006.
◉中原淳「経験学習の理論的系譜と研究動向」『日本労働研究雑誌』(639), 2013, pp4-14.
◉Sternberg (Eds.), *Teaching thinking skills: theory and practice*, pp.9-26. Freeman.1987.
◉高田朝子「人材育成のための効果的観察学習―ハブパーソンを中心とした理論的枠組みの構築―」『経営情報学会誌』15 (4), 2007, pp.77-87.

第5章 「待つ」姿勢がビジネスを生む

◉Bate,W.J. *John Keats*, Harvard University Press, 1963.
◉von Bulow, C., & Simpson, P. *Negative Capability in Leadership Practice. Implications for Working in Uncertainty*, 2022, Palgrave Macmillan
◉French,R. "Negative capability: Managing the confusing uncertainty of change". *Journal of Organizational Change Management*, 14 (5)2001, pp.480-492.
◉帚木蓬生『ネガティブ・ケイパビリティ―答えの出ない事態に耐える力』朝日新聞出版, 2017.
◉Ou,L. *Keats and negative capability*, Continuum Literary Studies,2009.
◉Saggurthi,S.,& Thnkur,M.K. "Usefulness of uselessness: A case for negative capability in management" *Academy of Management Learning and Education*, 15(1).2016.pp.180-193.
◉Senge, P.W., Scharmer, C.O., Jaworski, J. and Flowers, B.S. *Presence: An Exploration of Profound Change in People, Organizations, and Society*. Crown Publishing Group, 2005.
◉Simposon,P., French,R.,& Harvey,C.E. "Leadership and negative capability", *Human Relations*, 55 (10), 2002. pp.1209-1226.
◉Tichy, N.M. & Bennis,W. G. *Judgment: How Winning Leaders Make Great Calls*, Portfolio. 2007, [宮本喜一訳『決断力の構造:優れたリーダーの思考と行動』ダイヤモンド社, 2009]
◉Wear, D., "Toward Negative Capability: Literature in the Medical Curriculum", *Curriculum Inquiry* 34 (2), 2004, pp.169-184.

――参考文献――

第1章 「手間ひまをかける」という思考法

◉Frey, C. B., & Osborne, M. A. The Future of Employment: How Susceptible are Jobs to Computerisation?. Oxford Martin School Working Paper,2013.

◉Granovetter, M., "The Strength of Weak Ties"; *American Journal of Sociology*, Vol. 78, No. 6., May 1973, pp 1360-1380.［マーク・グラノヴェター（大岡栄美訳）「弱い紐帯の強さ」野沢慎司（編・監訳）『リーディングス　ネットワーク論－家族・コミュニティ・社会関係資本』勁草書房, 2006］

◉Kahneman,D. Thinking, Fast and Slow, *Penguin*.2011［ダニエル・カーネマン［著］, 村井章子［訳］,『ファスト&スロー（上・下）』早川書房, 2012］

◉総務省 『令和元年情報通信白書』2019.

◉山岸俊男 『安心社会から信頼社会へ――日本型システムの行方』中央公論社, 1999.

第2章 ネットワークとは何か

◉岩田龍子『日本的経営の編成原理』文眞堂, 1977.

◉Alexsander, M. "Boardroom Networks among Australian Directors, 1976 and 1996: The Impact of Investor Capitalism," *Journal of Sociology*,（39）, 2003, pp.231-251.

◉Uzzi, B. and Dunlap, S. "How to build your network," *Harvard business Review*, 83（12）: 2005, pp.53-60.

◉Burt, R. S. "Structural Holes and Good Ideas", *American Journal of Sociology*, 110（2）, 2004, pp.349–399.

◉Burt,R. Structural Holes: The Social Structure of Competition: *Harvard University Press*. 1992.［安田雪訳『競争の社会的構造――構造的空隙の理論』新曜社,2006］

◉Coleman, James, S. "Social Capital in the Creation of Human Capital" *American Journal of Sociology Supplement*, (94),1988, pp.95-120.

◉Dodds,P.S.,Muhanmad,R., & Watts,D.J., "An experimental study of search in global social networks" Science, (301) August 2003.

◉Fleming, L., Mingo, S., & Chen, D. "Collaborative brokerage, generative creativity, and creative success" *Administrative Science Quarterly*（52）, 2007,pp443-475.

◉Gouldner, A. "The Norm of Reciprocity: A Preliminary Statement", *American Sociological Review*（25）, 1960 ,pp. 161-178.

◉Putnam, Robert D. Bowling Alone: *The Collapse and Revival of American Community* Simon & Schuster, 2000.

◉高田朝子「ミドル人脈の構造」『ワークスレビュー2008』リクルートワークス研究所 2008. p116-129.

◉安田雪『人脈づくりの科学 「人と人との関係」に隠された力を探る』日本経済新聞出版, 2004.

◉山岸俊男『信頼の構造 こころと社会の進化ゲーム』東京大学出版会, 1998.

第3章 「集合知」が発揮できる起点となる

◉Bandura,A. Self-efficacy: Toward a Unifying Theory of Behavioral Change. *Psychological Review,(84),* 1977, pp. 191-215.

◉Bandura, *A. Self-efficacy: The Exercise of Control*, Freeman and Company,1995.

◉Bruner, J. S. *Acts of meaning*. Harvard University Press,1990.

◉Christensen,C.M. *The Innovator's Dilemma,* Harvard Business School Press, 1997.［玉田俊平太監修 伊豆原弓訳『イノベーションのジレンマ』翔泳社, 2001］

著者プロフィール

法政大学経営大学院イノベーション・マネジメント研究科教授。

立教大学経済学部卒業後、モルガン・スタンレー証券会社勤務をへて、Thunderbird School of Global Management（MIM）、慶應義塾大学大学院経営管理研究科経営学修士（MBA）、同博士課程修了。経営学博士。専門は組織行動、危機管理、ファミリービジネス経営。主な著書として、『はたらく看護師のための自分の育て方』（共著）医学書院、『人脈のできる人――人は誰のために「一肌ぬぐ」のか？』慶應義塾大学出版会、『女性マネージャーの働き方改革』『女性マネージャー育成講座』はいずれも生産性出版、ほか。

手間ひまをかける経営

日本一コミュニケーション豊かな会社の「関わる力」

2023年11月1日　初版第1刷発行

著　者　高田朝子
協　力　京都信用金庫
発行者　髙松克弘
編集担当　村上直子
発行所　生産性出版

〒102-8643　東京都千代田区平河町2-13-12
日本生産性本部
電話03(3511)4034
https://www.jpc-net.jp

印刷・製本　シナノパブリッシングプレス
装丁　竹内雄二
本文デザイン　茂呂田 剛（有限会社エムアンドケイ）
校正　梶原 雄

ISBN 978-4-8201-2146-6